ベーシック経営学

― 学びのとびら ―

郭 潔蓉 編著

池田武俊／渋瀬雅彦／三浦卓己／石橋里美 共著

ムイスリ出版

はじめに

　読者の皆さん、本書を手に取ってくださりありがとうございます。

　皆さんは「経営学」というと、どんな印象をお持ちでしょうか。「経営学」は、一見すると何やら小難しいイメージが先行しがちですが、知れば知るほど、私たちの生活に密接関わっている学問であることに気づかされます。本書は、そうした気づきを読者の皆さんに与えられることを1つの目標として作られました。「経営学」に触れるのが全く初めての読者でも、本書を通して「経営学」とは何か、その全体像が描けるように書き上げました。大学の初年次における概説的な授業から、「経営学」を一から学んでみたい、経営学の基礎的な知識を修得してみたいというニーズにも応えられる入門書です。

　本書は、経営学における各専門分野の5名の研究者の複合的な視点により、「経営学」を多方面から捉えています。全13章において、経営における組織・戦略・市場・人材・情報・財務の各側面を体系的に捉え、概論的な知識を修得できるよう構成しました。また、各章には、読者の皆さんが取り組みやすいように導入部分として「サマリー」を設けました。一読すれば、どのような内容が各章に書かれているのかがわかりやすく要約されています。加えて、各章のテーマへの理解をより深められるよう「キーワード」を抽出し、章末に「ディスカッション課題」を設置しております。

　グローバル化が進む現代社会において、体系的に「経営学」の知識を身につけることは、ますます重要視されていくと思われます。ぜひ、一人でも多くの読者が本書を手に取り、経営学を学ぶきっかけとして頂けたら、共著者一同大変嬉しく思います。

　最後に本書の出版に際し、お世話になったムイスリ出版の橋本有朋氏に感謝の意を表したいと思います。

2022 年 3 月 吉日

郭 潔蓉

目 次

第1章　経営と企業の発展

◆◆ サマリー ◆◆

　皆さん、経営学の扉へようこそ。本章では、「経営」の誕生から「経営学」の成り立ち、そして現代の日本における会社の形態について、説明をしていきます。経営学の基本的な考え方や資本主義社会の発展との関係性を知ることで、現代における経営の在り方への理解が深まります。また、会社の形態の発展を知ることで、日本の経済活動を支えている「企業」についての知見が広がります。ぜひ、本章にあげられているキーワードに注目をしながら、経営学の世界を探求してみましょう。

■ キーワード ■

経営学　資本主義　専門経営者　規模の経済性　経営資源　会社法

1.「経営学」のとびらを開こう

　一般的に**経営学**というと何やら難しい響きがあり、日常からかけ離れた存在として扱われることが多いのではないでしょうか。しかし、実際のところ、私たちの普段の生活を振り返ってみると、あらゆる場面においてとても関わりが深い知識やノウハウが詰まった学問であることに気づかされます。

　まずは、皆さんが普段利用しているお店やサービスを思い浮かべてみてください。例えば、朝に家を出て、コンビニエンスストアに寄って、電車に乗って出勤、もしくは登校するとします。その間にもコンビニエンスストアというお店と電車という交通サービスを利用していますが、こうしたお店や交通

機関は、いずれも「経営学」の知識やノウハウを使って経営活動を行っている企業組織なのです。つまり、多かれ少なかれ、私たちの普段の生活の行動は、何かしらの経営活動によって支えられているということです。

　では、「経営学」が対象としている組織にはどのようなものがあるのでしょうか。皆さんの普段の生活行動を思い出しながら、コンビニエンスストアや交通機関の他に、利用しているお店やサービスをあげてみましょう。ご自身が所属をしている職場や大学、常連になっているレストランや近所のパン屋さん、住んでいる自治体の役所、公共の図書館などがすぐに思い浮かぶのではないでしょうか。これらは、よく考えてみると全てが「経営」という名のもとに活動を維持している組織です。つまり、私たちの周りには「経営学」が対象としている組織が実にたくさんあるということです。

　こうしてみると、私たちが経営学と全く接点をもたずに生活をすることはとても難しいことに気づかされます。それほどまでに経営学は、私たちの生活ととても密接に結び付いている学問なのです。経営学を知ることで、日々何となく見聞きしているニュースや何気なく見過ごしている企業の広告に対しても見方が変わってきます。それを実感できたとき、経営学をもっと身近に感じられるようになり、その本質を知りたくなるでしょう。本書は、そう実感してもらえるよう、読者の皆さんを「経営学」の魅力へといざないたいと思います。

2. 「経営」はどのようにして誕生したのか

　経営学とは何かを知る前に、まずは**経営**というものがどのようにして生まれたのかを探求してみましょう。

　現在の世界経済の発展は、言うまでもなく数多くの近代企業家たちの飽くなき挑戦によって支えられてきました。近代企業の出現と今日に至るまでの発展は経営という手法を生み、育て、成長をさせてきました。実は、企業経営の発展の歴史をさかのぼると、イギリスの産業革命にその端を発していることがわかります。皆さんも世界史で学んだ経験があると思いますが、それ以

前の中世のヨーロッパは家庭内手工業が経済の中心でした。手工業者は親方
的存在のオーナーが小さな作業場を営み、近隣のお得意様を顧客とした市場
を形成していました。具体的には、お得意様の顧客から注文を取り、家庭内で
家族や徒弟といった職人たちとともに生産を行い、それを注文に合わせて商
品化し、販売をするといったシステムで事業を営んでいました。

　しかし、やがて社会は産業革命による工業化の時代へと突入し、家庭内手
工業では顧客のニーズを満たすことが難しくなっていきました。産業革命の
始まりについては諸説ありますが、特に18世紀末のイギリスにおける木綿工
業の機械化と蒸気機関の出現は当時の社会に大きな変革をもたらしました。
木綿工業において手工業に替わる機械が発明されると、これまで多くの人手
と工数を必要とした紡績作業が格段に速くなりした。また、蒸気機関の技術
が鉄道や船に使われるようになり、人と物の移動範囲が近隣から格段に広が
ったことにより、市場も遠方へと拡大していきました。そうなると、小規模な
手工業制では広くなった市場の需要に合わせて生産することが難しくなるた
め、生産方法は徐々により効率的な工場制へと移行していきました。

　こうした技術革新による工業化と市場の拡大は、やがて資本家と労働者と
いう社会関係からなる**資本主義**という新たな社会システムを確立していきま
した。つまり、物を作る現場では、**生産手段の所有と労働の分離**が進み、事業
主と従業者は手工業制のような家族的な親方と徒弟といった関係性から、工
場を所有する企業家とそこで労働に従事する労働者という関係性へと変化し
ていきました。こうした変化から、企業家は所有する生産手段を使って営利
を出すことをより追求するようになり、労働者は労働の対価としてより高い
賃金を求めるようになっていきました。この動きは時代を追って加速化し、
工場制工業が発達するにつれて企業組織は大きくなり、安定した生産を維持
し、常に営利を生み出し続けられる組織運営が求められるようになっていき
ました。これがいわゆる経営の誕生です。

　そして、企業家はやがて資本を出資する人と企業組織を運営する人に役割
が分かれ、この後者を担う**専門経営者**という職務が誕生するようになったの
です。これを現代の株式会社組織に置き換えてみると、資本を出す人が株主、

組織を運営する人が代表取締役や社長といった経営者になります。組織によっては、経営に携わる人を経営陣といった役員組織で構成し、複数の人で経営にあたる場合もあります。一方で、生産の現場では分業[1]と協業が進み、仕事が細分化され、標準化されていきました。それと同時に組織はよりシステム化される必要が高まり、組織に関わる秩序や管理体制というものが重要視されるようになりました。このようにして組織の経営は進化し、より高度な知識と手腕が必要とされるようになっていきました。こうした背景から、アメリカやドイツでは経営手法を専門的に学ぶ商科大学や商学部が設置されるようになり、やがて経営学という学問が確立され、今日に至るまで発展し続けているのです。

3.「経営学」の発展

　企業の経営は、資本主義経済の発展に後押しされ、目覚ましい進化を遂げていきました。特に 19 世紀後半から 20 世紀初頭になると、アメリカをはじめとする欧米先進国において各分野の企業合同が進み、資本と支配の二大機能の集中が独占体を作り上げ、大企業時代の到来を迎えていました。なかでも工場生産に大きな革新をもたらした大量生産方式**フォード・システム**[2]を生み出したフォード社はものづくりに大きな革新をもたらしました。大量生産方式は、当然のことながら**規模の経済性**[3]を追求するようになり、市場では大量販売が普及するようになりました。これを享受したアメリカ社会では**大衆消費社会**[4]が出現し、経済が繁栄すればするほど、人々の消費も豊かになり、消費者の嗜好は多様化していきました。ほどなく作れば売れる時代は終わり、

---

[1] 分業については、第 2 章の「2. 分業の取り入れ」を参照のこと。
[2] Ford system：自動車生産を手掛けるフォード社が 20 世紀初めに採用したベルトコンベアを活用した流れ作業方式のことを指す一般的な呼称。
[3] 規模の経済性（economy of scale）とは、製品を大量に生産すればするほど、1 単位あたりのコストが低下するという原理。
[4] 人々の所得の上昇により、消費者の物的購買範囲と購買量が拡大し、大衆による大量消費が行われるようになった社会のことをいう。

消費者のニーズに合った製品を提供することが重視される**範囲の経済**[5]へと時代はシフトし、マーケティング戦略の発展につながっていきました。

　一方で、企業の資本管理に関する考え方も変化を遂げていきました。前節で出資者層と経営者層が分離するようになったと述べましたが、この動きと同時に、企業の活動におけるお金の流れについても計算を明確にする必要性が出てきました。つまり、経営者層は出資者層に対して、投資してもらったお金を経営活動においてどのように使ったのか、また経営活動を通してどの程度の費用と利益を得たのかを明確にして、報告する義務が生じるようになったのです。そこで資本計算と営利計算を明確にする必要性が生まれ、**複式簿記**[6]の採用が不可欠となっていきました。この考え方は、現在の会社経営における財務管理にも活かされています。企業の決算報告書のベースとなる**財務諸表**[7]は、企業が利害関係者に対して一定期間の経営成績や財務状態等を明らかにするための書類ですが、複式簿記に基づいて作成されています。

　日本では企業の規模に関係なく、税務署への決算報告書の開示が義務づけられています。また、株式市場に上場をしている上場会社や、上場をしていなくても会社法で定められている大会社[8]に該当する企業は、財務諸表のうちの**貸借対照表**[9]と**損益計算書**[10]を必ず開示しなければなりません。こうした背景から財務管理は経営学において、重要な位置を占めています。

　もう１つ忘れてはならないのが、労働者の管理という側面です。言い換えると人事管理や労務管理のことを指します。資本主義経済の発展による生産体制の変革や資本の集中といった動きにともなって経営規模が拡大した企業

---

[5] economies of scope：複数の企業がそれぞれ個別の製品を生産するよりも、１つの企業が複数の財やサービスを生産した方がコストを抑えられ、効率が高まるという原理。

[6] 企業におけるお金の取引を「借方」と「貸方」の２面から記録し、貸借平均の原理に基づいて組織の財産を記録・計算・整理する方法のことをいう。

[7] 一般的に「貸借対照表」「損益計算書」「株主資本等変動計算書」「キャッシュフロー計算書」の４つの書類の総称をいう。

[8] 最終事業年度の貸借対照表上において、資本金が５億円以上、または負債の部の計上額が200億円以上の株式会社のことを指す。

[9] 各事業年度末における会社の資産、負債、純資産を全て記載し、会社の財政状態を明らかにする書類を指す（バランスシート：B/S ともよばれる）。

[10] 会社の１事業年度の売上、利益、損失といった経営成績を明らかにする書類を指す（プロフィット・アンド・ロス・ステートメント：P/L ともよばれる）。

では、必然的に従業者の数も増加していったため、労働力の能率的な統制というものが必要とされていきました。組織がもっている労働力を最大限に生かせるように、どのように管理をしていくべきかを検討し、発展をしてきたのが人事管理論といった分野です。現在では、労働者を資源の 1 つとして捉える考え方が主流となり、人事管理に代わって**人的資源管理**が一般的に使用されるようになりました。

　一方で、労働者の仕事の仕方にも変化がみられるようになりました。手工業時代では、親方にならって一連の作業を覚えることで一人前の職人として成長をすることが求められていましたが、大量生産時代では作業工程が分業化され、分業工程ごとに仕事を専門化した方が生産力を高められると考えられるようになっていきました。しかし、ただ同じ仕事をする人の集まりだけをつくるのでは、その分業工程を上手く動かすことはできないため、その構成員の中で目標を定め、責任者を決め、指揮命令系統を調整する必要が出てきました。この動きを**調整的統合**とよびます。このようにして、会社の中に単位組織が複数できあがるようになり、階層化していきました。これがやがて経営組織というものに発展し、現在ではさまざまな組織形態が研究され、時代の変化とともに多様化しています。

　このように「ヒト」「モノ」「カネ」といった**経営資源**を最大限に活かし、より良いパフォーマンスを発揮できるように、企業の活動を科学的に探究しているのが経営学という学問なのです。また、1990 年代以降の情報技術の目覚ましい発展により、先の 3 つの経営資源に加え、情報が新たな資源として近年加わりました。今日の経営学では、企業がもっている経営資源をいかに活かし、どのような経営戦略をもって組織をマネジメントしていくべきか、多方面にわたる研究がなされています。

4. 企業形態の発展

　資本主義経済の発展がいかに経営学という学問を育て、発展させてきたかをみてきましたが、ここで企業形態というものにも着目をしてみたいと思い

ます。

　会社というと、多くの方は株式会社をすぐに思い浮かべると思いますが、他にどのようなものがあるかを尋ねられると、少々とまどってしまうのではないでしょうか。2006 年 5 月に施行された新**会社法**では、株式会社の他に合資会社、合名会社そして新たに合同会社を加えて、4 つの企業形態が定められました（図表 1-1 参照）。皆さんのなかには有限会社[11]という形態を思い出される方もいると思いますが、有限会社という企業形態は 2006 年 5 月 1 日をもって廃止されることとなりました。これ以降、新たに有限会社を設置することはできなくなりましたが、従前より存在している同形態の企業については、手続きをして株式会社に変更する、もしくは有限会社の性質を残した特例有限会社として存続するか、のどちらかを選択することとなりました。

図表 1-1　日本における「会社の分類」

企業形態	資金調達の範囲	社員の会社・債務者への責任	出資内容
株式会社	株式会社	有限責任	財産出資
合資会社	持分会社	無限責任社員	財産・労務・信用出資
		有限責任社員	財産出資
合名会社	持分会社	無限責任	財産・労務・信用出資
合同会社	持分会社	有限責任	財産出資

出典：土方千代子・椎野裕美子『経営学の基本がきっちりと理解できる本』秀和システム、2012 年、34 頁より一部抜粋。

　では、なぜ新たに会社法を施行する必要があったのでしょうか。まずはそこから企業形態の発展を捉えていきたいと思います。2006 年に会社法が施行される前まで、日本における企業形態は主に**商法**に則って定められていましたが、その他に有限会社法や数々の特例法があり、複数の法律によって規定

[11] 資本金 300 万円以上、取締役 1 名で設立が可能な企業形態。小規模に事業を始めやすいという特徴があるが、社員数は 50 人以下という制約があり、企業規模を大きくしにくいというデメリットもあった。

されていたため、複雑で理解しづらいという難点がありました。また商法自体が明治32年（1899年）に制定をされており、条文はカタカナで書かれているうえに文章形式が古いということもあり、難解さが問題視されていました。そこで、細分化されていた会社に関する法律を1つにまとめた法律が会社法です。

　それでは、商法とどう区別をすると良いのでしょうか。まず会社法は、会社の設立、組織、運営および管理について定めた法律であると理解しておきましょう。一方で、商法は商人としての営業、商行為、その他の商事について定めた法律となります。会社は、商行為を実践する商人でもありますので、両方の法律が適用されるということも認識しておきましょう。

　会社法が新たに施行されたことによって大きく変わったのは、従前よりも会社の設立が容易になったという点です。会社法が制定される以前は、**最低資本金制度**[12]があり、会社を興すためには一定の資本金が必要でしたが、会社法の施行以降は1円でも会社を設立できるようになりました。また、前述の有限会社という企業形態を廃止し、特例有限会社として株式会社に一体化[13]しました。そして、図表1-1にもあるように、新たに合同会社という新形態が加わり、日本における企業形態は更に進化をしました。

　では、会社の種類はどのように分類をされているのでしょうか。日本における会社の種類は、出資をする人の種類や構成、人数、出資方法の違いによる分類と、企業がどのような法規定に基づいて設立され、運営をしているのかによる分類によって区別されています。前者を**経済的企業形態**、そして後者を**法律的企業形態**とよびます。

　まずは、前者の経済的企業形態からみていきましょう。出資者の最少単位は一人ですので、いわゆる個人企業がこのケースに当てはまります。別名を自営業者とよびます。ただし、事業主一人だけで事業を運営する場合に限ら

[12] 1991年に導入された制度。株式会社を設立するためには最低限1千万円の資本金の払い込みを必要としていたが、2006年5月に施行された会社法により、撤廃された。
[13] 特例有限会社は、法律上は株式会社と同等と見なされているが、社名には有限会社を用いなければならない、また、株式会社では必須の決算公告の義務がないなど、有限会社としての特性を一部残している。

ず、家族のみという小規模で経営するケースもあります。個人企業は法人化されていない企業形態となるため、会社の範疇には入りませんが、数としては日本で最も多い企業です。なぜ多いかというと、個人企業は設立の手続きが法人に比べて簡単であるうえに、初期費用を抑えることができるからです。また、一定の所得までは税金の支払額が少ないといったメリットもあります。しかし、その一方で、出資者が一人であることから、資金調達は出資者個人の信用によるところが大きく、集められる資本がかなり限定的である点がデメリットとしてあげられます。

では、個人企業よりも多くの資本を集めたいときにはどうすれば良いのでしょうか。最も簡単な方法は、出資者を複数にすることです。そして、この出資者の集団のことを一般的に会社といいます。会社は、法規定に基づいて設立・運営を行いますので、ここからは法律的企業形態の分類から出資方法や運営体制、追うべき責任といった項目を見ていきたいと思います。

会社の分類を示したのが既出の図表 1-1 です。表を参照しながら、各分類について少し詳しくみていきましょう。

（1）株式会社

株式会社は、株式を発行して不特定多数の人から資金を集めて事業を行う会社のことを指します。発行した株式によって集めた資金を使って事業を運営し、利益が出た場合には、出資をしてくれた株主に対し、配当という形で還元をしています。また、事業拡大などで資金が必要になった場合は、新たに株式を発行することが可能です。

一方で、株主は出資金に応じて決議権をもつことができます。最近では、一定数以上の株式を保有し、投資先の企業に対して経営戦略に注文をつけたり、株式の増配など利益還元を求めたりする「物言う株主」が注目をされています。しかし、一般的には、株主の大多数は経営には参加をしておらず、利殖目的の投資が多いのが特徴的です。つまり、株主が出資をし、経営者がその資金で経営を行うのが、株式会社の基本的な運営方法となります。

通常、会社の債権者への義務は出資者が負いますが、株主は会社に対して出資義務を負うだけで、債権者に対しては何ら責任を負わないのが原則です。

この原則を株主有限責任の原則といいます。例えば、会社が倒産した場合、株主は有限責任社員[14]であることから、会社に対して株式の出資額を限度とした責任（つまり、保有している株券が無価値になることを意味します）は負いますが、会社が債務を払えないからといって、会社債権者に対して弁済の責任を負わなくても良いということです。

（2）持分会社

持分会社とは、人的な信頼関係をもつ少数の人たちがお金を出し合って、共同で事業を運営している会社のことを指します。不特定多数の第三者からの出資がない点において、株式会社とは異なります。つまり、持分会社は、経営に関わっている人が、それぞれで会社の株式の持分を保有していることから、外部から口を出されることがないため、物言う株主のような第三者から経営に対して指図を受けることがないのが大きな特徴です。それゆえ、会社内部の規律を基本的には何でも定めることができる定款自治が認められています。ただし、定款の作成や変更には、全ての社員[15]の同意を得ることが前提となります。

　持分会社には、図表1-1であげられている、合資会社、合同会社、合名会社の3つ形態があります。これらの会社の特徴についてみていきましょう。

① 合資会社

合資会社は、会社の経営を担当する無限責任社員[16]と経営には携わらない有限責任社員の2種類によって構成されている点に大きな特徴があります。経営に参加をしない出資者という存在がいる点において、他の2つの形態と異なります。この企業形態は、有限責任を条件に出資者を募ることができるため、出資者の数を増やしやすいというメリットがあります。例えば、出資者を

---

[14] 有限責任社員は、経営を担当したり、会社を代表したりする権限をもたない出資者のことをいう。しかし、経営を監視する権限はもっている。また、出資に関しては、出資額を限度とした責任を負う。

[15] 持分会社における出資者は法律上「社員」とよばれる。一般的な「従業員」とは意味合いが異なる。

[16] 無限責任社員は、会社の経営を担当する義務と責任をもつ、会社を代表する出資者のことをいう。また、会社の債権者に対して負債総額の全額を支払う責任がある。

増やしたいが、会社の支配の統一をも維持したいといった場合にこの企業形態は適しています。

② 合名会社

合名会社は、2人以上の社員が出資することによって設立できる会社です。会社の経営は社員全員が担う義務と責任があるという点に大きな特徴があります。また、会社の負債に対しても、社員全員が無限責任を負い、全額を負担する義務があります。それゆえ、社員同士の人間関係が大変重視される企業形態であるといえます。この形態の会社は、社員同士が血縁関係、もしくはそれと同等の親しい間柄であることが一般的です。出資者は、信頼関係にある人間に限られることが多いため、出資規模は小さくなる傾向があります。

③ 合同会社

合同会社は、少額の出資者でも特許などの知的財産や高い技術と専門性をもっている場合、多額の資金を持つ人と同等、もしくは、多額の利益配分をするなど、利益配分のルールを出資者間で決めることができるという点に特徴がある企業形態です。

通常、株式会社の場合、不特定多数の人が株式を購入することで出資者となるため、公平性の観点から1株につき1票の決議権をもつことを原則としています。つまり、多くの株式を持っている人ほど、発言権が強くなるという特質があります。また、配当も出資金に応じて配分されます。しかし、多額の出資者と少額ではあるが、企業の存続を左右する特許やアイデアなどの専門技術をもつ出資者が一緒に会社を設立した場合、出資額だけで発言権や利益配分を決めることが難しくなります。こうした背景からも、合同会社は資本よりも、知的財産の方が企業の今後を左右する業種や事業判断のスピードが重視される現代に適した企業形態であるといえます。

（3）相互会社

図表1-1にはありませんが、法律的企業形態にはもう1つ**相互会社**という形態があります。相互会社は、誰でもつくれる企業形態とは異なり、保険事業を営む企業にのみ認められています。相互会社は、営利を目的とせず「互いに

助け合う」ことを目的としている点に大きな特徴があります。株式会社では株主が出資者ですが、相互会社では保険契約者が出資者となります。つまり、相互会社では保険契約者から収めてもらう保険料を資金として運用し、利益が出た場合には保険契約者に分配をするという仕組みになっています。

　また、相互会社は保険業法によって認められている会社形態であり、現在では日本生命保険、住友生命保険、明治安田生命保険、富国生命保険、朝日生命保険の 5 社が存在します。過去には、もっと多くの相互会社がありましたが、1995 年の保険業法改正によって、より開かれた市場から資金調達ができるよう、相互会社から株式会社へ変更ができるようになったことから、大同生命保険、太陽生命保険、共栄火災海上保険、大樹生命保険（旧：三井生命保険）、第一生命保険の5社が株式会社へと変更されました。

　皆さん、経営学の扉を開いてみて、どんな感想をもたれたでしょうか。このように日本の会社は時代の流れとともに、より運営がしやすいように形を変えて発展し続けてきました。それが今日の日本の企業形態につながっていると思うと感慨深いものがあります。さらに学習を進めていくと、より多くの発見があると思いますので、ぜひ次の章でも楽しみながら学んでいきましょう。

＜ ディスカッション課題 ＞

① 資本主義社会の発展と経営の進化の関係性を整理してみましょう。
② 現在の日本における企業形態を複数学びましたが、それぞれの特徴を意識して、各形態の利点と欠点を挙げてみましょう。
③ 第1章を振り返って、なぜ経営学は必要なのかを考えてみましょう。

第2章　経営組織とは

◆◆ サマリー ◆◆

　私たちの周りには、企業、学校、病院など多種多様な組織とよばれるものがあります。これらの組織の目的や規模、存続している期間などはさまざまですが、いずれも、製品やサービスの提供、雇用の創出などを通して私たちに影響を及ぼしています。本章では組織が共通してもっている特徴に着目します。そして組織を捉えるための基本的な視点として、経営組織、分業、組織の形態、組織のライフサイクル（組織が誕生してから成長・発達するプロセス）について解説します。

■ キーワード ■

組織　経営組織　分業　組織の形態　組織のライフサイクル

1. 組織・経営組織とは何か

（1）組織とは

　組織とは、共通の目的の実現に向けて、コミュニケーションをとりながら協働する人々の集まりのことです。私たちは組織をつくることによって、1人の力ではできない大きな目的を成し遂げることができます。また、個人の生命には限界がありますが、組織を存続させることによって、目的を追求し続けることができます。もっともよく知られている組織の定義は、**バーナード**（1938［邦訳 1968］）による「2人以上の人々からなる、意識的に調整された諸力あるいは諸活動の体系（2人以上の人が意識的に集まり、共通の目標を達

成しようとして協力関係にあるもの)」というものです。バーナードは組織が成立するための3つの条件として、「共通目的」「貢献意欲」「コミュニケーション」を提示しています（図表2-1 参照）。

図表2-1 組織の成立条件

条件	内容
共通目的	組織ではメンバーが共通の目的を目指していることが前提となります。共通の目的がなければ、個人がバラバラに行動している状態と区別できません。例えば、企業組織全体の共通目的は「企業理念」「経営理念」「社是」にあたります。
貢献意欲	共通のゴールに向かって、メンバーが組織の活動に参加する意思と「貢献しよう」という意識を持ち行動することが必要です。
コミュニケーション	共通目的、貢献意欲があっても、構成メンバー間の意思伝達、疎通ができていないと、組織の目的・目標を達成することはできません。組織全体で円滑なコミュニケーションが行われることは必要不可欠です。

出典：筆者作成

　組織は共通の目的をもった人の集まりであり、その集まった人たちには組織の目的達成のために貢献しようというモチベーションがあります。さらに、組織として成立するためには、そうした人々の間での情報交換や意思疎通のためのコミュニケーションが成り立っていることが必要不可欠です。「共通目的」「貢献意欲」「コミュニケーション」の3条件のうち1つでも欠けると組織は衰退することになると考えられています。

（2）経営組織とは

　前述したバーナードによる組織の定義は、組織そのものを捉えるための基本的な枠組みを示すものですが、その範囲はかなり幅広く、この定義によると「一時的」な共同作業も含まれることになります。企業、学校、病院などの組織は何らかの目的に向けた活動が「継続的」になされている組織です。企業

はさまざまな製品やサービス、学校は教育、病院は医療サービスを提供するための活動が継続的になされています。このようにある目的を果たすために継続的に活動する仕組みを備えた組織を**経営組織**とよびます。

　経営学では、経営組織の中でも主に企業全体を 1 つの組織として考察の対象とします。経営学者の**ダフト**(2002) によると「組織とは①社会的な存在で、②目標によって駆動され、③意図的に構成され、調整される活動システムであり、かつ④外部の環境と結びついている。」と定義されます。ダフト(2002)は、組織にとって重要なのは、建物や制度ではなく、組織の目標達成に向けたメンバー間の相互作用（コミュニケーション）であることと、組織が存続するためには外部環境の変化に適応していくことが不可避であることを強調しています。

　経営組織を取り巻く外部環境には、直接的に関わるもの（顧客・市場動向・競合他社・仕入先企業・協力企業・株主・流通システム・法規制等）と、間接的に関わるもの（自然・文化・技術革新・経済・社会・政治等）があります。経営組織はこのような外部環境の変化に合わせて自らが変化していく必要があります。つまり外部環境から影響を受けつつ、また外部環境にも影響を及ぼしながら組織内部の活動を行っていることから、組織は外部環境に対して開かれた**オープン・システム**であると捉えられています。

2.　分業の取り入れ

　経営組織では、掲げた目標を安定的に効率よく達成するために**分業**を取り入れています。分業の効率についてイメージしてみましょう。例えば、ある 1つの製品を作って売る仕事を考えてみると、その商品の企画や研究開発、材料の仕入れ、製品の設計、生産、販売、代金の回収、会計、資産の管理などの仕事が必要になります。これらの多様な仕事を全て 1 人で行うよりも、仕事を細分化し分担して、メンバーがそれぞれの仕事に責任をもって専門的に取り組んだ方が効率よく進めることができます。このように目標達成に必要な仕事をいくつかの仕事に区分して小さい要素に分けることを分業とよびます。

　分業には、目標達成に必要不可欠な活動や機能による区分である**職能別分業**と、仕事の階層による区分である**階層別分業**の2つのパターンがあります。例えば職能別分業は、開発部門、生産部門、販売部門という分け方にあたります。これは**部門化**ともよばれ、専門性を明確にするという意味をもちます。階層別分業は、上層部が経営方針を担い、現場の従業員が実務を担うという役割分担、具体的には経営層（トップ・マネジメント）、執行役員、管理層（ミドル・マネジメント）、監督層、一般社員層という職層による分け方にあたります。この 2 つの分業の組み合わせによって、ピラミッド型の組織が形成されます。

　分業によって細分化された仕事がばらばらになると組織目標を達成できなくなりますので、まとまりのある活動へと統合する必要があり、統合を担うのが**管理職**です。各部門、各職場、各個人が組織目標を理解して、協力しあえるような働きかけが必要となります。現場においては、経営課題や経営目標の伝達、規則を定める、教育訓練の機会を提唱するなど、組織への求心力を高める工夫がなされています。

　ほとんどの経営組織では、安定して効率よく製品やサービスを提供するために分業が不可欠です。職場では多くの人々が集団として効率よく働けるように、一般的には次のような基本的な**組織編制の原則**が適用されています。

■**専門化の原則**：ある職位の責任はできるだけ単一の主要職能に限定されなければならない（仕事を細分化、専門化することにより、より機能的な組織となる）。

■**権限委譲の原則**：責任のある職務[1]を遂行させるには、それ相当の権限をあたえなければならない（権限は上位者に集中しがちであるが、現場の権限は現場の責任者にもたせた方がよい）。

■**統制範囲の原則**：部下を有効適切に把握・指導できる人数には限度がある。

■**責任権限一致の原則**：責任は常にそれに対応する権限がともなっていなければならない（権限が責任より小さければ任務を十分に果たせない、権限

---

[1] 組織全体の仕事を細分化して、個々の従業員に割り当てられた仕事を指します。

が責任より大きければ無責任になるので、権限と責任の大きさを一致させる必要がある)。

■**階層短縮の原則**：階層の数は最小限にとどめなければならない。

■**命令統一の原則**：各人はただ1人の上長に所属すべきである（1人の部下に直接命令できるのは直属の上司のみとする）。

3. 経営組織の基本形態

経営組織は市場環境への適合や組織内部の効率性を求めて設計されるため、実際の組織は多様な形態をもつことになります。ここではまず、最も基本的な組織形態として（1）**職能別組織（機能別組織）**、（2）**事業部制組織**、（3）**マトリックス組織**を取り上げます。次いで、近年見られるようになった新しい組織形態について紹介します。

（1）職能別組織（機能別組織）

職能別（機能別）組織では、図表 2-2 のように企業組織は、研究開発・生産・販売などの機能に応じて分けられます。

図表 2-2　職能別（機能別）組織

出典：筆者作成

　製品・市場を組織メンバーが共有するのではなく、研究開発や生産、販売といった機能を共有するように作られた組織です。例えば、生産部門では、異なる製品を生産しつつ同じ工場や生産設備を共有したり、同じ生産技術者を共有したりすることもあります。また研究開発部門では異なる製品の特定の開発スタッフを共有していたりします。

　このように職能別（機能別）組織では、個々の組織メンバーは同じ専門の人と対話をしながら、自分たちの専門を通じて会社に貢献することを最大のテーマに仕事を進めていくことになります。職能別組織のメリット・デメリット・機能する状況要因は次のようにまとめられます。

【メリット】

・機能ごとに専門知識の蓄積ができ、高度な分業が可能になる。
・設備や情報を共有できるので、事業の重複や無駄を避けることができる。
・職務の専門化によって、類似する専門性をもつ分野をまとめることで規模の経済[2]が働く。
・同じ専門分野の人と働くのでコミュニケーションがとりやすい。

【デメリット】

・部門が専門化することで他部門のことがわからなくなる。
・部門がそれぞれの職能的目標を追求するほど、組織の成果への関心が薄れ組織全体を理解する視点が見失われやすい。
・組織全体を管理する経営者の育成が難しくなる。
・部門間のコミュニケーションが阻害される。
・市場変化への適応のためには各職能部門が他の部門と関係をもたなければならないが、上手くいかないことも多く、市場変化への適応に限界がある。

【職能別組織が機能する状況要因】

　① 安定した外部環境
　② 組織が小規模である

---

[2] 一般に、規模の経済とは、事業規模が大きくなるほど資金調達に都合がよくなって原材料の購買力が強化することや、単位当たりの固定費（コスト）が減少することにより利益率が高まるということを意味します。

③ 製品の種類が少ない

　企業組織において、「生産・開発・販売等の機能を集約することで得られるコストダウンや付加価値アップの重要性」が高く、「製品・市場への迅速で柔軟な適応」がそれほど重要でないのであれば、職能別（機能別）組織を採用すべきであると考えられています（沼上、2020）。

（２）事業部制組織

　事業部制組織は、1つの企業組織が複数の事業単位（製品別・地域別）に分割され、それぞれの事業単位があたかも単一の企業組織をなしているかのように構成されます。意思決定の権限をできるだけ事業部に委譲する**分権化**[3]がなされている組織です。組織として、生産設備の共有や開発スタッフの共有といった観点よりも、個々の製品・市場への適応が優先されます。

　したがって組織のメンバーが共有するのは個々の製品・市場であり、自分が担当している製品・市場での競争に最大の注意を向けることになります。事業部制組織には**製品別事業部制**（図表 2-3 参照）や**地域別事業部制**などがあります。事業部制組織のメリット・デメリット・機能する状況要因は次のようにまとめられます。

【メリット】

・製品や地域といった市場に近いところで意思決定ができるため、市場変化に対して柔軟で迅速な対応ができる。
・事業部のトップはさまざまな職能をまたいで全体を見渡す視点を得ることができるので、経営者を育成しやすい。
・事業責任者の業績評価がしやすい。
・事業ごとの採算性が明確になる。

【デメリット】

・各事業部に大幅な権限が委譲され、各事業部が独立的に意思決定を行うことができるため、事業部間のコミュニケーションや協調的行動が取り難く

---

[3] 意思決定の権限をできるだけ現場に委譲することです。対して集権化とは、意思決定権限をできるだけ組織階層の上位に集中させることです。

なる。

・それぞれが事業部中心の発想になり、全社レベルでは重要なことをどの事
　業部も考えなくなる（セクショナリズムの発生）。

・長期的視点よりも短期的な成果が追及される危険性がある。

【事業部制組織が機能する状況要因】

　① 環境変化が大きい

　② 組織が多角化している

　③ 事業規模が大きい

　企業組織において「生産・開発・販売等の機能を集約することで得られるコ
ストダウンや付加価値アップ」よりも、「個々の製品・市場への柔軟で迅速な
適応によって得られる効果」の方が大きければ、事業部制を採用すべきであ
ると考えられています（沼上、2020）。

図表 2-3　事業部制組織（製品別）

出典：筆者作成

（3）マトリックス組織

　マトリックス組織は、職能別組織と事業部制組織の両方の強みである「専門性の確保と環境変化対応」を生かす目的で、組織を分割する際の軸そのものを複雑にした組織です。図表 2-4 に示すように最高意思決定者のすぐ下に各事業部長と各機能部門長を置き、その下にクロスする形で各部署が置かれます。図表 2-4 の●印で示した人には、上司が 2 人存在します（ツー・ボス・システム）。例えば、図表 2-4 の●印で示した人は、製品事業部の直属の上司と機能別の部門の直属の上司という 2 人の上司から指揮・命令を受ける組織構造です。マトリックス組織のメリット・デメリット・機能する状況要因は次のようにまとめられます。

図表 2-4　マトリックス組織

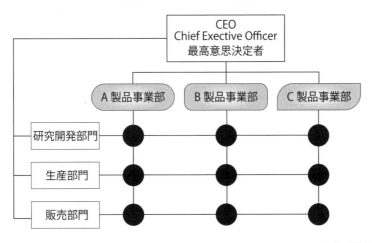

出典：筆者作成

【メリット】
・専門性の確保と環境変化対応という複数の状況対応ができる。
・組織の柔軟性を確保することができる。
【デメリット】
・ツー・ボス・システムは「命令統一の原則（組織編制の基本原則参照）」に反することになり、2 人の上司から指揮・命令を受ける部下は、どちらの意

見を優先させればよいのかわからず混乱が生じる。

・同職位の上司間で主導権を握ろうとする対立や衝突が発生しやすい（その
　結果、方針がブレやすい）。

・組織運営の複雑化によるコスト増加の危険性がある。

【マトリックス組織が機能する状況要因】

・「生産・開発・販売等の機能を集約することで得られるコストダウンや付加
　価値アップ」も、「個々の製品・市場への柔軟で迅速な適応」も双方が重要
　であり、意思決定のたびにどちらを優先させるかを考慮しなければならな
　い場合。

　マトリックス組織は職能別組織と事業部制組織の両方のメリットを活かす
ことができる理想的な組織形態のように見えますが、前述したように組織全
体に混乱や矛盾をもたらしたり、組織運営の複雑化や調整スタッフの増加に
よりコストが増加したりする危険性があり、実際には成果が上がらない可能
性が高いことが報告されています（金井、2019）。

（4）新しい日本企業の組織形態

　企業は、企業の部門組織である事業部、部、課・グループ、係・チームなど
の多数の組織が重なり合って成り立っています。以下には、新しい組織形態
や関連する用語について紹介します。

・**日本型事業部制（一部事業部制・職能別事業部制）**：日本型事業部制では、
　事業部制を維持しながら、デメリットを解決するために、一部の機能につ
　いて独立した部門として活動させます。例えば、研究開発部門のうち、基礎
　研究に近く全社的な事業に関連する基礎技術に関わる研究活動は、各事業
　部から切り離し、経営者に直属させるなどの形態があります。

・**カンパニー制（社内分社制）**：カンパニー制では、分割された権限を付与さ
　れた事業単位を「独立した会社であるかのように」扱い、担当領域について
　開発、製造、販売に至るまでの全ての権限と権限を委譲します。カンパニー
　の責任者には人事や営業に関して大きな権限と責任が与えられると同時に、
　本社が全社レベルでの事業計画や大規模な投資について決定を行います。

- **分社化**：分社化とは、社内の事業部や機能部門を「独立した会社として」切り離し、別会社にすることです。分社化の場合、まったく別の会社になるので、トップは一部門長ではなく社長となります。このように事業部や機能部門を切り離した会社を親会社とよび、親会社は株主としての権利を行使することで分社化した子会社の意思決定に対して影響を及ぼすことになります。分社化をすることによって、複雑化した指示命令系統や業務手続を整理し、環境変化への迅速な対応が可能になると考えられます。分社化の目的としては、新規事業の展開による売上獲得機会の増加や、親会社の業績悪化にともなうコスト削減などがあげられます。

- **持株会社**：持株会社とは、他の会社の株式を所有することを通じて、他企業の支配を行う会社のことです。会社自体は事業活動を行わず、自らは資金配分を行うことのみで他企業の支配を行う持株会社を「純粋持株会社」とよびます（○○ホールディングスとよばれる場合があります）。1997年に独占禁止法が改正され、純粋持株会社の設立が認められました。純粋持株会社を設立するメリットとして、企業グループでの効率的な資源配分が可能になることやM&A（合併・買収）にともなう摩擦の防止などがあげられます。

- **プロジェクト組織**：プロジェクト組織の特徴は、職能別組織や事業部制組織という枠組みのなかで、部門を横断してチームを形成するという点にあります。プロジェクト組織では、新事業、新製品開発、全社的な構造改革などの特定の目的を成し遂げるために、いろいろな部門から専門的スキルを有する人が参加します。そして特定の目的が達成された後には解散します。このような組織は「プロジェクト・チーム」「タスク・フォース」「クロス・ファンクショナル・チーム」などとよばれることもあります。実例としては、自動車メーカーの新製品開発では、複数の新車開発を目的としたプロジェクト・チームが同時に並行して形成されることが知られています。

- **ネットワーク組織**：ネットワーク組織の特徴は、これまでの組織形態とは異なり、組織の境界を超えて協働関係を形成する点にあります。近年のICT（Information and Communication Technology：情報通信技術）進展も相まっ

て市場競争における有効性が議論されるようになりました。ネットワーク
組織では、特定の目的を達成するために、組織の境界を超えた人と人との
つながりを軸に、適切な人材を組み合わせてチームやプロジェクトをつく
り、効率的に目的の達成にあたります。例えば、異業種連合の組織間のネッ
トワークなどがあげられます。

4. 組織のライフサイクル ― 組織の成長と変化

　組織も人間と同じように誕生してから成長し、青年期、中年期、成熟して老
年期となり、最後は死を迎えるという組織観を、**組織のライフサイクル・モデ
ル**とよびます。**組織のライフサイクル**には、組織が形成された直後から4つ
の発達段階と各段階の危機があります（ダフト、2002）。図表2-5に示すよう
に組織は、規模の拡大とともに①起業者段階 → ②共同体段階 → ③公式化段
階 → ④精巧化段階の順に発展すると想定されています。そして組織が発達
段階を進むにつれ、組織構造や組織の目標に変化が生じると考えられていま
す。

　組織は図表2-5のようにライフサイクルの4段階を経ることになりますが、
実際には途中で行き詰まることや、成熟から衰退、危機に至っても再活性化し
て成長・発展し続けるようになることもあります。ここで重要なことは、それ
ぞれの段階にはそれぞれの危機があり、危機を乗り越えられなければ次の段
階への移行が難しくなると考えられていることです。各段階の危機を見極め、
対処していくためのしくみを構築していくことは経営組織にとって不可欠で
す。とりわけ「公式化段階」「精巧化段階」のように成長・成熟してきた組織
を変えることは難しく、しばしば現状維持の傾向が強くなります（組織がも
っている現状を維持しようとする性質は「組織慣性」とよばれます）。組織の
現状における発達段階と外部環境や戦略との整合性を常に問い続けることが
重要だと考えられます。ライフサイクルの考え方は、組織の直面する問題や、
組織を次の段階に発展させるための対応方法を理解するのに有用です。

図表 2-5　組織のライフサイクル：発達段階と危機

発達段階	危機
1 **起業者段階（誕生）** 新しい製品やサービスの開発と市場での生き残りに重点がおかれる時期。創業者は起業家であり、生産やマーケティングといった実務的活動に取り組む。 ■**目標：存続**	**◎リーダーシップの必要性** 組織が成長するとメンバーが増加する。一方、創造性の高い起業家は製品開発に注力する傾向にあり、組織をマネジメントするリーダーシップが失われるという危機がある。大規模化していく組織構造を調整するか、有能なマネジャーを雇い入れる必要がある。
2 **共同体段階（青年期）** 強いリーダーシップのもとで明確な目標と方向性が策定され、権限の階層構造、職務の割り当て、分業が確立されるとともに、事業部門体制が確立される時期。メンバーは組織の使命を自らの使命として働き、共同体の一員であると感じるようになる。 ■**目標：成長**	**◎権限委譲の必要性** 階層ができあがり、下位で働く従業員はトップダウン型のリーダーシップに制約されていることを意識しはじめる。下位のマネジャーもより大きな裁量を求めるようになる。経営層が権限や責任を下位の管理者層に委譲できない場合、自律意識に危機が生じる。トップによる直接的な監督なしに各事業部門をコントロール・調整するための組織整備が必要になる。
3 **公式化段階（中年期）** ルール、手順、コントロールの仕組みが導入される時期。コミュニケーションや伝達手段は形式化される。階層が明確に分けられ、トップ・マネジメントは中長期的な戦略や企画立案といった問題に携わり、ミドルマネジメントは現場の業務遂行に責任をもつようになる。協調体制の向上をはかって分権化された事業単位が形成される場合もある。収益に基づく報酬制度が実施される場合もある。 ■**目標：内部の安定・市場の拡大**	**◎官僚的形式主義[1]の行き過ぎ** 組織にさまざまな制度や規則、手続きが設けられ、分業化、専門化が進展すると、現場での柔軟な活動が起こりにくくなるという危機がある。場合によってはイノベーションが制約されてしまう。解決策は、新たな協力体制とチームワークをつくりだすことである。マネジャーは組織全体で問題に取り組み協力するためのスキルを開発する必要がある。実際には、部門間の協力を促すために部門横断型のチームが形成されることもある。 1) 規則が細かすぎて複雑で面倒な手続きが多く非効率的な状況のこと。
4 **精巧化段階（成熟期）** 成熟した企業として大規模かつ包括的なコントロールシステムを有している。これ以上の規模的な成長が望めない状況。協力体制を実現するために職務や各部門を横断してチームが形成されることも多い。小規模的な価値観と発想を維持するために、組織が複数部門に分割される場合もある。成熟した企業は定期的に活性化しなければ衰退する。 ■**目標：組織の評判、完成された組織**	**◎活性化の必要性** 成熟した組織は一時的な後退期に入ることがある。大規模で安定しているがゆえに外部環境の変化への適応ができなくなるという危機がある。新たな環境に適応するためのイノベーションが求められる。場合によっては10年から20年おきに組織を再活性化する必要がある（トップの交代が行われることが多い）。

出典：ダフト（2002）を参考に作成

< ディスカッション課題 >

① 職能別組織と事業部制組織を比較して、メリット・デメリットについてディスカッションして、あなたの意見を整理してみましょう。

② 組織が誕生してから成長・発展していくプロセスにおいては、どのような危機や課題があるのかディスカッションしてみましょう。

第3章　経営戦略とは

◆◆ サマリー ◆◆

　企業は市場のなかで長期的に活動していく必要があります。それを実現するために必要なのが経営戦略です。市場にはたくさんのライバル企業が存在します。そうしたライバル企業との競争を考えるとき、よりよく競争するために長期的な視点で考えて行動する必要があります。本章では、企業を取り巻く外部経営環境、企業の経営資源という観点を中心に、経営戦略を検討する基礎的な視点をまとめていきます。

■ キーワード ■

ゴーイングコンサーン（継続する企業体）　外部経営環境　経営資源
SWOT 分析　3つの基本戦略

1. なぜ、「経営戦略」が必要か
― ゴーイング・コンサーン(going concern)としての企業の役割

　この章では、**経営戦略**について考えていきます。企業は、たくさんのライバル企業と競争しながら市場のなかで生き残っていかなければなりません。このとき、競争し、自社を成長させていくためにはどうしたらよいかという長期的な視点が必要になります。

　なぜ、長期的な視点が必要なのでしょうか。もし、文化祭や学園祭の模擬店ならば開催期間の2〜3日なので長期的視点はいりません。自分達の好きなことを一生懸命やればよいのです。

　ところが、経営学が想定する企業はそのような存在ではありません。企業には、長期にわたり社会のなかで存続し、その事業活動を続ける責任があります。こうした企業の姿を経営学では「**ゴーイング・コンサーン**（going concern）としての企業」として位置づけます。

　ゴーイング・コンサーンとは継続する企業、継続事業体ということを意味しています。つまり、企業活動を始めた以上、企業は企業活動の拡大や企業の社会性を拡大させて、外部経営環境や**ステークホルダー**との関係を構築しながら、事業活動を長期的に継続、発展させていく必要があるのです。

2. ステークホルダー（stakeholder）と企業の関わり

　ゴーイング・コンサーンとしての企業は、その活動のために、さまざまなステークホルダーと関係を構築していく必要があります。そのなかでステークホルダーに対する責任も発生してきます。

　ステークホルダーとは、企業と利害関係をもつ利害関係者のことです。具体的には、経営者、株主、従業員、取引先、顧客などです。「利害関係者」と書くと「人」だけを対象にするように思えますが、近年はこのステークホルダーの概念のなかに、地域社会や地球環境といったことも組み入れられるようになってきました。

　ステークホルダーは、それぞれの間で利害が対立しています。従業員は良い給料を求めるでしょうが、顧客はそう簡単に高い商品などの価格を受け入れてくれないでしょう。では、仕入れ先に安くしてくれと言っても、仕入れ先にも都合があります。経営者は多様なステークホルダー間にさまざまな利害があることを認識し、その調整をしていかなければならないのです。

　そうしたときに、現在の状況を整理整頓し、事業活動を長期的に考える視点、すなわち**経営戦略**が重要な意味をもってくるのです。

3. 企業を取り巻く外部経営環境

― オープン・システムとしての企業と外部経営環境からの影響

　私たちは毎日、衣、食、住のすべてでさまざまな企業から提供される製品やサービスを利用して生活をしています。企業から提供される製品やサービスが止まってしまえば、たちまち日常が混乱することを考えれば、私たちの生活は企業活動とともにあることがわかります。また、逆の見方をすれば、企業は私たちの社会のなかに存在するものなので、やりたい活動を自由に何でもできるわけではありません。こうした企業を取り囲む社会環境のことを**経営環境**とよびます。

　企業は、社会のなかで、企業を取り巻くさまざまな要素とやり取りをし、相互作用しながら企業活動を行っています。そのため、社会からの影響を受けることになります。これが、**オープン・システム**としての企業観です。オープン・システムとは、「環境から資源をインプットし、それを消費することを通じて、再び環境に何らかの資源をアウトプットするシステム」（桑田・田尾、1998）のことを指します。この観点に立ったときに注目する「企業を取り巻く経営環境」、すなわち**外部経営環境**は、いわゆる地球環境問題だけではありません。地球環境問題は企業活動に大きな影響を及ぼす忘れてはならない要素ですが、経営学的な観点ではそれ以外にも考えなければいけない要素があります。

　それでは外部経営環境とはどのようなものなのでしょうか。ヒットら(2014)の整理を手掛かりに考えてみましょう。

① 経済環境上の変化（Economic）

　これは、社会の所得水準の変化、可処分所得、景気や雇用状態、貯蓄率、銀行の金利などがあげられます。これらにより、個人消費に使える金額の増減、企業の資金調達に影響が生じます。

② 人口統計上の変化（Demographic）

　これは、社会の人口や人口構成に関する変化のことです。その社会の人口

がどのような年齢構成になっているのか、どの地域にどれくらいの人が住んでいるのかなども企業活動に影響を与えます。少子高齢化や地方の過疎化など人口統計上の変化も、多くの企業に影響を与えます。

③ 政治や法律上の変化（Political / Legal）

　これは、政治に関わること、法律や規制に関わる変化のことです。法律や規制は国によって違います。それぞれ活動する企業である以上、それぞれの国の法律や規制を守りながら活動しなければなりません。企業の活動の前提条件となるような政治上の変化、法律や規制はさまざまに存在します。

④ 社会環境上の変化（Sociocultural）

　これは、人々の考え方や生活スタイル、価値観などの変化のことです。私たちの社会[1]には、それぞれの社会の文化や歴史に根ざした価値観や考え方があります。こういったことも時代とともに変化していきます。例えば、つい数年前まで都市部では、毎朝、満員電車に乗ってオフィスに出社する姿が当たり前でした。ところが、コロナ禍のなかで、テレワークや分散出勤を導入する企業が増えています。従来ならば何の疑問もなく続けられていた「毎朝、全員が出社する」という働くうえでの考え方、生活スタイル、価値観が大きく変わるのかもしれません。

　また「環境問題（省エネ、エコロジー）への意識向上」「女性活躍社会の実現」「SDGsの取り組み」のように、時代の変化のなかで新しい価値観が生み出され、広まっていくこともあります。いずれにしても、企業はこうした社会環境の影響を受ける存在なのです。

⑤ 技術上の変化（Technological）

　これは、新しい技術の登場によって生み出される変化です。今日ならば、デジタル技術とインターネットが社会にもたらしたインパクトは計り知れません。また、近未来のうちにはロボット技術やAI技術の飛躍的な向上が見込まれ、私たちの社会に大きな影響を与えるでしょう。

---

[1] 国という大きな単位はもちろんのことですが、日本一国のなかでも地域ごとに地域社会の差はあります。

⑥ 国際環境上の変化（Global）

　これは、グローバルな問題、国と国との関係から生じる問題など一国のなかでは納まらない変化です。今日のように、世界中がインターネットでつながり、物流、旅客で人や物が動いている状況下では、1つの国で起きた問題がすぐに他国にも影響します。良い影響も悪い影響もすぐに国境を越えて他国に影響を与える時代になっています。

　以上のような外部経営環境が企業に影響を与えることになります。この 6 項目は相互に関連して発生していることが多いです。そして、外部経営環境の変化に直面したとしても、企業の影響の受け方は必ずしも同一ではありません。同じ経営環境の変化に直面しながら、それがチャンス（変化がプラスに働く可能性がある）になる企業もあれば、ピンチ（変化がマイナスに働く可能性がある）になる企業もあります。とくに影響がない企業もあります。そのため外部経営環境の変化を考えるときは、「その変化は、みんながピンチになる変化なのかな？　どこかが限定的にピンチになる変化なのかな？　実は、誰かのところではチャンスになっている変化かもしれないな。」というように、変化とその影響をきちんと考えることが必要です。

4. 企業活動の土台としての「経営資源」

　こうした外部経営環境のなかで企業活動は行われていきますが、その活動の土台になるのが各企業の**経営資源**です。

　経営資源とは、「ヒト」、「モノ」、「カネ」、「情報」の4つに大別して考えることができます（4つの経営資源）。

①「ヒト」という経営資源

　これは人材のことです。知識、能力、体力、意欲のある人材は企業を動かす原動力です。

②「モノ」という経営資源

　これは物質的なモノ、土地、設備、機械、建物などのことです。ただし、企

業の活動内容によって具体的に必要な内容には違いがあります。

③「カネ」という経営資源

　これは現金、預貯金、有価証券などのことです。企業が保有する経営資源のなかで最も汎用性が高く、いろいろな用途に使える資源になります。

④「情報」という経営資源

　情報という経営資源は、少し複雑です。

　情報の内容は、コンピュータやIT技術のことだけではありません。経営学において**情報的経営資源**という考え方に内包されるのは、企業内部に蓄積された知識や技術・ノウハウ、企業構成員に共有された考え方や企業文化、企業外部に蓄積されたその企業に対する信用・イメージ・ブランドなどを含めて考えます。

　企業が活動するときに必要になる独自の技術知識やノウハウ、あるいは顧客がもつ自社へのブランドイメージも情報的経営資源として重要な存在となります。ヒト、モノ、カネの3つの経営資源と異なり、目に見えない無形の存在なので「見えざる資産（invisible assets）」となります。しかし、目に見えなくてもその質が企業活動に及ぼす影響は極めて重大です。

　さらに、情報的経営資源には他の3つの経営資源と違う特徴があります。情報的経営資源は上手に使い続けることで最初よりもパワーアップさせ、価値を高めることができます。多くの企業はスタートした段階では、たくさんのなかの1社にすぎません。それが、長年の活動を通じて、顧客から評価され、信頼を得ていくなかでたくさんのなかの1つに過ぎなかった企業名やロゴマークに当初はなかった価値が生まれていきます。ブランドとして認知されたり、市場での評判が高まったりするということです。

　このような価値の向上は自然に起きるのではなく、企業活動のなかで絶え間ない努力を続けることで起きることです。努力をしない場合には、このような価値の向上は起きませんし、努力を怠ったため、せっかく作り上げてきた価値を瞬く間に壊してしまう場合もあります。

　以上、説明してきた 4 つの経営資源は、企業の根幹になり、企業はこれら経営資源を活用しながら活動していきます。4 つの経営資源がそれぞれ複雑に関連しあいながら企業活動は進められていくので、企業は経営資源の結合体であるとみることもできます。

　そして、この 4 つの経営資源を活用しながら、ゴーイング・コンサーンとして経営していくためには経営戦略の観点が必要になるのです。

5. 時間軸上で考える必要性
―「プロダクト・ライフサイクル」という考え方

　ゴーイング・コンサーンである企業は、将来にわたって企業活動をしていく責任があります。

　企業を取り巻く外部経営環境は刻々と変化します。ある程度、変化とその影響を予測できて備えられる変化もありますし、今回のコロナ禍のように、予測不能な変化として現れるものもあります。しかし、オープン・システムとして社会のなかに企業が存在し、社会と相互作用している以上、社会の変化、外部経営環境の変化から逃れることはできません。将来の変化を予測し、それに備え対応していくためには、そこに将来を考える長期的視点が必要になります。「今が良ければ OK」という短期的な視点と将来を考える長期的視点は異なります。

　将来を考える長期的視点の重要性は、プロダクト・ライフサイクル（製品ライフサイクル）という考え方で理解できます。

　図表 3-1 が、プロダクト・ライフサイクルの概念図になります。プロダクト・ライフサイクルの最初の段階のことを「導入期」とよびます。これは、製品が世の中に登場し導入され始めた直後の段階を示します。この段階では、まだあまり売上も伸びませんし、利益も上がりません。

　プロダクト・ライフサイクルの次の段階のことを「成長期」とよびます。これはまさに売上が急速に増えて成長していく段階です。成長期の次の段階を「成熟期」とよびます。これは成長期で急速に増えていた売上が鈍化し、安定

的な売上を持続する時期となります。そして最終段階を「衰退期」とよびます。これは成熟期では安定していた売上が、減少していく時期となります。そして、いずれ製造終了という判断がなされ、市場から姿を消し寿命を終えます。

図表 3-1　プロダクト・ライフサイクル

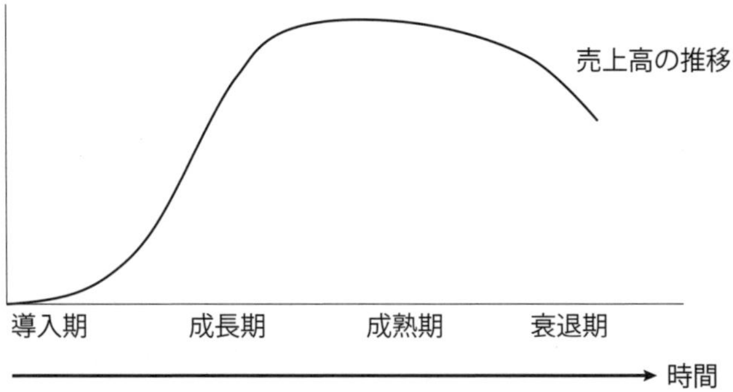

出典：筆者作成

　この寿命の長さは製品やサービスによって変わってきます。社会生活の基盤になるライフラインに関わるビジネスの場合、何十年単位という長い寿命となるものも多いです。一方で、流行のスイーツや流行のアイテムという移り変わりの激しい分野では数カ月や 1 年程度で次々変わっていくものもあるでしょう。当然、何十年単位で考えるビジネスと数カ月で移り変わっていくビジネスでは、ビジネスの考え方、収益のあげ方、必要になる経営資源の中身、設備投資のタイミングやその大きさなどの考え方が異なります。

　しかし、「どんな素晴らしい製品・サービスであってもいずれは衰退してしまう」という観点に立てば、今、次々売れて大繁盛という状況であったとしても、将来、その製品・サービスが衰退してしまった場合に備えた活動も同時に行わなければならないことがわかります。ゴーイング・コンサーンとして経営のためには、長期的視点が不可欠なのです。

6. 外部経営環境と経営資源から考える可能性

― SWOT 分析で考える

　企業の外部経営環境は企業にとっての外部要因です。また、企業の経営資源は内部要因です。有効な戦略を考えるためには、両方を同時に考えて大きな全体像をとらえることが必要となります。この大きな全体像を考えるためのフレームワークとして、SWOT(スウォット)分析を説明します。

　SWOT 分析は、社会全般、一国の経済全体など外部経営環境が自社にもたらす「機会」と「脅威」を識別し、その環境下で経営資源や組織能力といった自らの経営資源にもとづく「強み」と「弱み」をどのように対応させていくかを考えるフレームワークです。SWOT とは、「強み(Strength)」「弱み(Weakness)」「機会（Opportunity）」「脅威（Threat）」の頭文字をとったものです。

　自らの「強み」「弱み」は、保有する経営資源や組織特性など自らに由来して生みだされる要因です。一方で、「機会（Opportunity）」「脅威（Threat）」は外部経営環境からもたらされる要因です。この 4 つの要因を組み合わせ、戦略計画策定のための分析枠組みとして使用します。

図表 3-2　SWOT 分析のポイント

・**Strength（強み）**：自らの経営資源からみて優位なこと、強みのあることは何か。
　　　　　　　　　　→ 競合企業に対して競争上の優位となる要素の検討をする。

・**Weakness（弱み）**：自らの経営資源からみて不利なこと、弱みのあることは何か。
　　　　　　　　　　→ 競合企業に対して競争上の不利となる要素の検討をする。

・**Opportunity（機会）**：外部経営環境上にある発展の機会・成長の機会となることは何か。
　　　　　　　　　　→ 外部環境の変化で、自社の将来の戦略展開に与える機会となるのは
　　　　　　　　　　　何かを検討する。

・**Threat（脅威）**：外部経営環境上にある衰退・不振のきっかけになることは何か。
　　　　　　　　　　→ 外部経営環境の変化で、自社の将来の戦略展開に与える脅威となる
　　　　　　　　　　　のは何かを検討する。

出典：筆者作成

　まず、「強み」と「弱み」を知るために、自社の経営資源（ヒト、モノ、カネ、情報）についての分析をすることが必要です。自社のどんな要素に強みがあり、どんな要素に弱みがあるかということを把握することは、戦略を考えていく際に最初の手掛かりになります。

　また、「機会」や「脅威」を知るために、社会全体はもちろん、業界の動向、政策の変化、国際関係の変化といった外部経営環境の変化が機会としてプラスの影響を与えるのか、脅威としてマイナスの影響を与えるのかを分析することが必要です。

　そして、これら4つの情報がそれぞれ整理できたら、それらをクロスさせて考えます。「強み」「弱み」、「機会」「脅威」と4つの要素に入る項目を導き出したとしても、それを4つばらばらに見ているだけでは意味がありません。「わが社の強みは、○○です。その理由は・・・」「外部環境にある脅威は、△△です。その理由は・・・」とそれぞれの項目を書くだけで終わらせず、戦略を考える基礎とするには、それらをクロスさせて考える「クロスSWOT」の視点が必要です。

図表3-3　SWOT分析の考え方

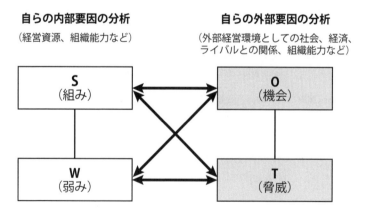

自らの内部要因の分析
（経営資源、組織能力など）

自らの外部要因の分析
（外部経営環境としての社会、経済、ライバルとの関係、組織能力など）

| S（組み） |
| W（弱み） |
| O（機会） |
| T（脅威） |

出典：筆者作成

①「強み×機会」の戦略とは、外部環境の「機会」（チャンス）を活かして、自社の「強み」で勝負する方向性を考えることになります。

②「強み×脅威」の戦略とは、自社の「強み」を生かして、外部環境の「脅威（ピンチ）」に立ち向かう方向性を考えることになります。

③「弱み×機会」の戦略とは、自社の「弱み」を克服して、外部環境の「機会（チャンス）」を活かしていく方向性を考えることになります。

④「弱み×脅威」の戦略とは、自社の「弱み」を克服して、外部環境の「脅威（ピンチ）」に立ち向かう方向性を考えることになります。

　①〜④で見えてくる4つの戦略の方向性は、それぞれだいぶ性格が異なっています。最もポジティブなのは①「強み×機会」の戦略です。これは、外部経営環境にある機会（チャンス）を手に入れるために、自社の経営資源上の強みを使ってどのように攻めていこうかという性質の戦略です。一方で、自社の弱みはどのようなところにあるのかを把握し、「自社の弱みをどのように克服すればよいか」ということを考えておくことも必要になります。④に注目することで、脅威が自社に降りかかり最悪の事態にならないようにするリスク軽減策を考えることや、自社の弱みをどのように補い克服していくかを考えることも意思決定者には必要になります。

　SWOT分析から「現状どのような状況にあるのか」をしっかり分析・把握し、そこからクロスSWOTに展開して、4つの大きな方向性で戦略を検討することが戦略の全体像を考える第一歩として有効です。

7. 3つの基本戦略

― 事業を進める際の基礎的な方向性

　それでは、実際に事業を進めていくときにはどのようなことを考えながら進めていけばよいでしょうか。この手掛かりになるのが、マイケル・ポーターが示した**3つの基本戦略**です。いざ、事業を手掛けようとするとき、そこに全くライバル企業が存在しないという状況はほとんどありません。そうなると、

ライバル企業との競争を優位に進めるために、どのような要素に注力していくかを考えなければなりません。3つの基本戦略の概念は図表3-4のように示されます（ポーター,1995）。

図表3-4　3つの基本戦略

出典：筆者作成

　考え方としては、縦軸は事業が対象とする顧客の幅（ターゲットの広さ）を置き、顧客を広くとるか、限定的に狭くとるかを考えます。横軸は「競争優位の源泉」で、これは何によって事業の競争優位（ライバルに対してどんな要素で優位に立って競争するか）のポイントを置きます。

　この縦2つ×横2つの組み合わせで浮かび上がる3つのパターンが、競争の基本形となり、①「コスト・リーダーシップ戦略」、②「差別化戦略」、③「集中戦略（このなかを「コスト集中型」と「差別化集中型」に分けることができます）」が競争の基本形となります。それでは、それぞれの戦略はどのようなことを狙っているのでしょうか。

① コスト・リーダーシップ戦略

　広範な市場（顧客）を対象に、他社よりも低いコストで製品やサービスを生産し、提供することを目指す戦略です。コストとは費用のことです。したがって、コスト・リーダーシップとは事業活動全体にかかる費用をライバルよりも低い費用で展開することです。費用が低い分、結果として販売価格を低く設定したとしても利益を得られます。

　この戦略で注意すべきは、単に「低い価格設定をするだけの戦略」ではないことです。コスト・リーダーシップ戦略の要は、低価格でもしっかり利益が出るように、低コストを実現できる事業の仕組みを作ることです。そうした仕組みのない企業が単に販売価格を下げる価格競争をしても企業の体力を失うだけになります。

② 差別化戦略

　広範な市場（顧客層）を対象に、顧客のニーズを満たす何らかの特徴的な価値を作り出すことでライバルとの差を生み出し、そのことで競争優位性を確保する戦略です。「何らかの特徴的な価値」を付加価値として優位に立てれば、その分、高い価格であっても顧客から受け入れてもらうことが可能になります。競争のポイントを価格ではなく「何らかの特徴的な価値」の部分において競争するので、非価格競争になります。

　この戦略をとる企業は、コスト・リーダーシップ戦略をとるライバル企業と価格競争はしません。非価格競争として非価格的要素に付加価値を生み出しそれを武器に勝負していくのです。価格以外の要素で「ここの製品・サービスは、"①のコスト・リーダーシップ型の製品"とは違うね」ということを評価してもらい、その分、高価格設定を顧客に受け入れてもらうことを狙います。ただし、非価格的要素の特異な付加価値は、顧客が評価してくれてはじめて成り立ちます。顧客が受け入れてくれない付加価値では、意味のないものになります。さらに、顧客が高いお金を払っても受容してくれる付加価値を創るには追加のコストがかかります。この戦略を実現するためにも、特異な付加価値を提供するための仕組みから考える必要があります。

③ 集中戦略

　特定の顧客だけを狙う戦略です。特定の市場や顧客層に特化して、そこに対して働きかける戦略となります。

　市場は大きな均質の塊として存在するのではなく、さまざまに細分化されています。細分化をどんどん進めると、規模は小さいかもしれませんが、特殊で明確なニーズをもっていて、そのニーズのためならば非常に高価格であっても買ってくれるような顧客によって構成されている小さな市場が出てきます。この市場のことを「ニッチ（Niche、隙間）市場」とよびます。ニッチの創出がこの戦略のカギになります。

　ニッチ市場は、大企業が気づいていないような領域、大企業が進出を控えるような領域、大企業が進出するだけの市場規模があるわけではないが、強力なニーズがある領域に存在します。こうした領域に進出して、そのお客さんたちをいち早くとってしまえば、収益を獲ることができます。

　例えば、趣味のグッズを扱っているお店の商品は、一般の人にとっては興味がないものかもしれません。でも趣味のマニアな人たちにとっては、高い価値があり高い価格でも買いたい商品です。このお店は、広く一般の人に売ることを想定せず、この趣味のマニアな人たち向けの店と自らの市場をごく狭く想定してお店をやっています。一般の人よりは市場規模は大きくなくても、付加価値を理解してくれて、価格が高くてもその商品を購入してくれる人たちをターゲットに相手に商売をしているわけです。

　集中戦略は、実質的には「コスト集中型」と「差別化集中型」に分けられます。コスト集中型は、コストに敏感な限定的な顧客に働きかける戦略です。差別化集中型は、特殊なニッチ市場に働きかける戦略です。前者は取り扱い分野を絞った激安ショップ、後者は高級ブランドショップをイメージするとわかりやすいでしょう。

　ニッチ市場は複数のものが同時にたくさん存在しています。そこでは、規模の小さな企業でも勝てる余地があります。まずは自分たちが戦いやすいニッチ市場を攻略することが基本になります。

　以上、経営戦略の基礎的な視点について考えてきました。このなかで求められるのは、長期的な時間軸を念頭に、外部経営環境と内部の経営資源の両方をみていくことの重要性です。企業活動を行うとき、「自分たちはこれが好きだからやる！」という活動への思い、情熱は極めて大事です。そして、その情熱を無駄にしないためにも経営を戦略的に考える思考が重要になってきます。

< ディスカッション課題 >

① 現在の日本で活動する企業はどのような外部経営環境に直面しているでしょうか。直面する外部経営環境とそれによってもたらされるプラスの影響、マイナスの影響について考えてみましょう。

②「3つの基本戦略」において説明できる事例を、身近な製品やサービスから探し出してみましょう。そして、それらの製品やサービスが、それぞれの戦略（コスト・リーダーシップ戦略・差別化戦略・集中戦略）を実現するためにどのような仕組みづくりをしているか、工夫をしているか考えてみましょう。

第4章　現代企業とイノベーション

◆◆ サマリー ◆◆

　イノベーションは企業や産業、社会が進化していくためには不可欠な活動です。それはどのような内容の活動なのでしょうか。本章では、イノベーションを考える手がかりとして、新結合と創造的破壊の影響、イノベーションが社会に受け入れていく普及のプロセス、産業進化とそれが企業に与える影響について学んでいきます。

■ キーワード ■

イノベーション　新結合　創造的破壊　ドミナント・デザイン

1. こんにちを象徴する言葉「イノベーション」

　皆さんは、**イノベーション**（innovation）という言葉を聞いたことがありますか？　この言葉は、こんにち、日本社会の今後の発展のためにも重要なキーワードであり、企業の活動、企業経営の世界はもちろん、政治や経済などさまざまな分野で使われている言葉です。日々の新聞やニュースのなかでもたくさん登場しています。

　イノベーションという言葉の日常的な使われ方としては、「新しいことを起こす変革」「何か新しいことへの取り組み」という意味で使われることが多いです。変革期にあるこんにちの日本社会を象徴する言葉でもあるのです。そこで、この章では、そもそもイノベーションとはどういう現象をさすのか、イノベーションがなぜ重要なのか、イノベーションが企業や社会にどのような

影響を及ぼすのかについて考えていきます。

　辞書で innovation という単語を調べると、和訳として「技術革新」という訳が付されている場合が多いです。しかし、このイノベーション＝技術革新という理解だけですと、イノベーションは技術だけが主人公になる活動だという誤解も生まれてしまいます。もちろん、技術は重要な要素ですが、技術さえあればすべてが解決するかというとそうでもありません。「innovation には技術革新という訳が付されている」という理解のうえで、技術以外の要素に注目する重要性を意識するために、あえてイノベーションというカタカナ表記をしていきます。

2. シュンペーターによる「イノベーション」の意義

　経済発展の原動力としてのイノベーションの意義について最初に言及したのがシュンペーターです。シュンペーターは『経済発展の理論』(1912 年、邦訳 1977 年) のなかで、「新結合を実行する経済主体としての企業家」に注目しました。この「新結合」の概念こそが広義のイノベーションの概念といえます。シュンペーターは、イノベーションを 5 つに分類しました。

　それは、①新しい財の開発、②新しい生産方法の導入、③新しい市場の開拓、④原材料などの新しい仕入先の獲得、⑤新しい組織の実現です。

　つまり、「新しい財の開発 (＝新製品や新サービスの開発)」、「新しい生産方式の導入」、「新しい市場の開拓 (＝新市場への進出や新市場の開拓)」、「新しい仕入先の獲得 (＝原材料の調達手段の変更、使用する原材料自体の変更)」、「新しい組織の実現 (＝生産活動をする企業の組織自体の組織デザインの変更、組織の機能の変更)」ということが全てイノベーションと考えられるのです。こうした 5 つの領域から複合的にイノベーションは実現されるので、技術革新と 1 つの視点からだけ考えると、可能性を狭めてしまいます。

　そして、この 5 つの要素は、実は企業活動、ビジネス活動そのものだということがわかります。企業が生存のために努力してやっていること、すなわち、新製品や新サービスを生み出したり、新しい生産方法を創り出したり、市

場を開拓したり、新しい原材料の調達を考えたり、それら企業活動を効果的に行うための企業組織を設計することは、すべてイノベーションにつながります。

3. イノベーションにおける「新結合」と「創造的破壊」

（1）新結合という視点

　シュンペーターは、イノベーションとは**新結合**（new combination）のプロセスであると説明しています。製品やサービスを作るには、必要な生産手段やいろいろなモノや力が結合される必要があります。新結合とは、今ある結合を前提に、それを新しい結合に作り替えるプロセスを指します。イノベーションは、新規や既存の知識、資源、設備などを用いて新しい結合を作っていく活動となります。無の状態からいきなり何かを生み出す魔法のような活動がイノベーションではありません。

　この新結合という捉え方は、古典ですがとても重要なとらえ方です。新しいことを進めるためにも、現在の製品やサービスの背景にはどのような結合があるのかをよく分析し、どの要素に働きかけたら新結合が作れるかを考えることがとても重要になってきます。

（2）「創造的破壊」という視点

　さらに、シュンペーターはイノベーションは**創造的破壊**（creative destruction）のプロセスであると指摘しています。新結合によるイノベーションが展開されると、結果として創造的破壊が生じます。

　創造的破壊とは、「既存の価値体系を壊し、新しい価値体系を創造していくプロセス」を指します。既存の製品やサービスは、その価値が提供されるための結合や仕組み、条件が存在しています。製品やサービスの生産から消費までの各プロセスにはいろいろな企業が介在し、それらの企業活動が結合することで価値が生み出されています。

　こうして出来上がっている価値を生み出すための結合を作り変えてしまうことがイノベーションによる新結合です。新結合の結果として、既存の結合

で作られてきた価値体系が破壊され、新しい価値体系へと作り替えられていきます。新結合により前の価値体系が破壊され、新しい価値体系が生み出されると、前は活躍していた企業であっても、新しい価値体系のなかで役割を失い、危機を迎えることがあります。

　このことを考える身近な例として、アーティストの新曲音楽を聴くというシーンを考えてみましょう。皆さんは、どのような方法で、音楽を手に入れますか？　しばらく前まで大部分の人は、CDを購入しそれに録音されている音楽を聴くことが主流でした。しかし、今はインターネット経由で音楽をダウンロードして聴くことができます。CDで聴いていた時代とダウンロードして聴く時代を比較すると、CD時代には存在感があったのにダウンロード時代には全く存在感がなくなってしまった企業があったり、ダウンロード時代になって急に大きな存在になっている企業があることがわかるでしょう。

　つまり「CDを購入して音楽を聴く」という価値を提供するために作られていた価値体系が、音楽のダウンロード化というイノベーションを受けて、「ダウンロードで音楽を聴く」という価値を提供するのに適した新しい価値体系に置き換えられていっているのです。

（3）質的に非連続なイノベーション

　新結合によるイノベーションから、既存の価値体系が破壊され、代わりに新しい価値体系が創造されるということが創造的破壊です。これは質的に非連続なイノベーションにより発生します。

　シュンペーターは質的に非連続的なイノベーションを「いくら馬車を列ねても、それによって決して鉄道を得ることはできない」と例えています。馬車の延長線上に鉄道は存在しません。馬車の運用のためには、牧場で馬を育て調教するところから始まって、獣医さんがいたり、餌の供給網があったり、御者（馬車の運転手）の確保など全部が結合されて成立していたでしょう。ところが、動力が馬から蒸気機関車へと変わると、まったく別の価値体系が必要になります。車両工場だったり石炭供給網などが必要になり、牧場は不必要になります。馬から鉄道（蒸気機関車）へ動力が非連続的な変化となったため、価値体系も新しいものに作り替えられてしまうのです。

　シュンペーターは、こうした質的に非連続なイノベーションに注目しました。今日の研究では、「質的に連続したイノベーション」という観点も注目していますが、創造的破壊が及ぼす影響の大きさは重要な問題です。

4. アントレプレナーという存在

　このようなイノベーションを主導する存在が**アントレプレナー**（entrepreneur）です。アントレプレナーは、新結合の担い手として新たなビジネス、事業を創造していく者として重視される存在です。

　アントレプレナーを日本語訳すると「企業家」もしくは「起業家」になります。企業家と起業家はしばしば同義で用いられますが、起業家の場合は、自ら新しい企業を起こす者という意味合いを強調していることが多いです。一方、企業家は、自ら新しい企業を起こすだけでなく、企業や組織の中で新しい事業を生み出していく者という場合も含めて使われます。

　全ての人が、企業を自ら起こす起業家になり成功するのは難しいかもしれませんが、企業家として組織の中でイノベーションの担い手として貢献していく方法はあります。組織の外で力を発揮する人、中で力を発揮する人、それぞれの特性がありますが、イノベーションが重要なこんにちの社会では、全ての人にアントレプレナー的考え方と行動が求められています。

5. イノベーションの出発点について

　「こういうのができたらいいな」という空想の段階では、世の中に役立つイノベーションではありません。世の中に役立つイノベーションにするためには、それが成果となって世の中に登場しなければなりません。
それでは、イノベーションの出発点はどこにあるでしょうか。出発点を技術に求める視点と市場に求める視点の 2 つがあります。

　1 つ目の視点が技術プッシュ（technology-push）です。イノベーション生成の起点が新しい技術にあるので、研究開発志向型のイノベーションとなりま

す。プロダクト・アウト型ともいいます。まさに技術革新がイノベーションを
主導するという視点です。

　2つ目の視点が市場プル（market-pull）です。これは市場における需要、ニ
ーズに基づくイノベーションです。そのため、顧客志向型のイノベーション
となります。マーケット・イン型ともいいます。

　この2つの視点の違いは、「イノベーションがどのようなプロセスで進むの
か」という視点にも影響を与えます。

　技術プッシュの視点から導かれるのが**リニアモデル**（線形モデル）の考え
方です。

図表4-1　イノベーションの「リニアモデル」の概念図

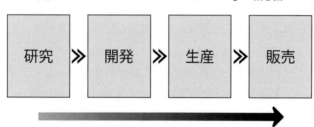

・研究から開発、生産、販売という単一の流れを想定
・研究が出発点で、研究は開発時のみに関与することが想定
・最上流は、「研究」部分（科学技術の発明）

出典：筆者作成

　この考え方では、イノベーションの起点を研究部分におき、そこから開発
→ 生産 → 販売 → 顧客へと直線的に流れることを想定します。そのため、
イノベーションを起こすためには、最上流部である研究部分に多くの経営資
源を投入して、その研究成果に期待することになります。

　しかし、この考え方には弱点もあります。この考え方に立つとイノベーシ
ョンは研究のみでおきることになるため、「イノベーションを起こしたければ
研究プロセスに力点を置く」とそこへの過度の期待が生まれたり、逆に「生産
や販売などの下位のプロセスはイノベーションに関与する必要はない」とい

う下位プロセスの軽視がおきたりします。リニアモデル型の考え方が効果的な産業もありますが、すべての産業で当てはまるわけではありません。現実のイノベーションプロセスは、この考え方だけでは不十分です。

　そこで必要になるのが、**チェーンリンクト・モデル**（連鎖モデル）の考え方です。チェーンリンクト・モデルでは、イノベーションに関わる知識や情報は、最上流部の研究プロセスでのみ生み出されると考えません。イノベーションの発生点は組織内のプロセスのさまざまな場所にあると考えます。研究をきっかけとすることもあれば、生産上の問題や市場ニーズの変化をきっかけとすることもあるとします。イノベーションは（リニアモデルのように）直線的に進むのではなく、組織内での多くの情報の還流（フィードバック）のなかで生じていくという考え方です。

　この考え方でポイントになるのは、活動のなかでの知識や情報の流れ方です。リニアモデルの場合は、イノベーションに関わる情報が上流の研究から下位プロセスに向かって直線的に流れていたのに対し、チェーンリンクト・モデルでは、各プロセスでさまざまな知識や情報が生まれ、イノベーションに必要な知識や情報が蓄積されていくことになります。

　この2つのモデルも、どちらが良いか悪いかというものではないのですが、イノベーションをどのように起こしていくのかという問題に対して考え方が違うのがわかります。チェーンリンクト・モデルの考え方ならば、イノベーションは研究プロセスにだけ任せておけばよい問題ではなく、下位プロセスの生産や販売（営業）の機能やそこに従事している従業員もしっかりイノベーションの担い手としての役割が期待されるのです。

6. イノベーションの普及プロセスについて

（1）イノベーションの普及

　次に、イノベーションが世の中に普及するプロセスについてみていきます。新製品や新サービスを「新しく作り出す」ということも大変ですが、そのあとに「新しく作り出した」ものを世の中に普及させていくことも難しい問題で

す。イノベーションが成果を出していくためには、発明の実用化に加えて世の中に普及することがセットになる必要があります。

　こんにち、私たちが日常生活で知ることのできるイノベーティブな新製品や新サービスは、一般に生活している私たちの目に触れるレベルにまで普及しているという点で、イノベーションの勝者と考えられます。

　それでは、イノベーションの普及とはどういうことをさすのか。ここでは、ロジャースの研究に依拠して考えていきます。ロジャースの研究は、新製品や新サービスというビジネス界でのイノベーション問題よりもっと広い、社会システムのイノベーションを研究したものです。そこでの知見を応用しながら考えます。

　イノベーションの普及とは、「あるイノベーションが、ある社会システムの構成員の間で何らかのチャネルを通じて経時的に伝達されていく過程」となります。つまり、時間の経過のなかで、そのイノベーションを採用する主体（個人や組織）が増加していく過程のことです。

　ロジャースの示したイノベーションの普及曲線が次の図になります。この考え方では、革新的採用者（イノベーター；Innovators）、初期少数採用者（アーリーアドプター；Early Adopters）、前期多数採用者（アーリーマジョリティ；Early Majority）、後期多数採用者（レイトマジョリティ；Late Majority）、採用遅滞者（ラガード；Laggards）という 4 つの質の異なる層が世の中には存在することになります。

　イノベーションに最も早く対応する革新的採用者は、わずか 2.5% にすぎない存在です。つぎに対応する層が初期少数採用者です。これが 13.5% 存在します。この革新的採用者と初期少数採用者の合計した 16% まで普及してくるとそのイノベーションは一気に普及するとされています。3 番目に出てくるのが前期多数採用者、4 番目に出てくるのが後期多数採用者です。この 2 つの層はそれぞれ 34% ずつで市場の多数派となる存在です。最後が採用遅滞者とよばれる層たちで、その名のとおり、最後までイノベーションを採用することをしない層です。これが 16% います。

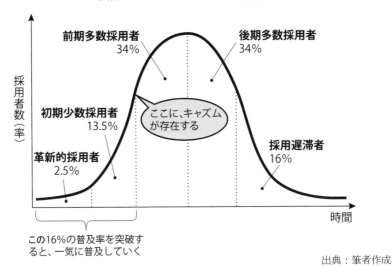

図表4-2　イノベーションの普及曲線

出典：筆者作成

（2）イノベーションの普及曲線から示唆されること

　これをビジネスの話に置き換えて考えると、さまざまな示唆が得られます。まず、どんなに良いイノベーションであっても、一瞬のうちに普及するということはなく時間をかけながら進んでいくということです。そして、「イノベーションを受け入れる人たち（社会システムの構成員）」の質が5つの層それぞれで異なります。そのため、いま自分たちがどのように対応すべきかという課題が層ごとに異なっています。

　こうした「層の変化にともなう質の変化」を見誤ると、革新的採用者と初期少数採用者には非常に人気だったけれど、それ以上には普及しないで失速してしまうということになります。革新的採用者と初期少数採用者には高く評価された特別な機能やサービスが、知識や技量がない多数の一般の人たちにとっては難しすぎて評価されないといったことになりかねないのです。

　図表4-2では連続した曲線を描きましたが、無事に前期多数採用者のところにたどり着かず、16％の壁を越えられずに切れて失速してしまう事態も発生します。この16％の壁を**キャズム**（溝）（ムーア,1991年）とよびます。ム

ーアはハイテク産業の分析からキャズムを説明しましたが、この壁を乗り越えないと市場の多数派層にたどり着けません。この層に評価されるためには、革新性や最新性能をアピールするだけでなく、簡単な操作方法に変更したり、コストパフォーマンスに優れたリーズナブルな販売価格になるように設計や製造を変更するなどで、当初とは違った要素を検討して製品やサービスを作る必要があります。今、この製品がどんな質の顧客層を相手にしているのかというのは、製品の普及率からある程度つかめるでしょう。

　また、製品やサービスの性能がよいこと、コストパフォーマンスがよいことは普及の大きな鍵になりますが、それだけでは解決しない場合があります。それは、イノベーションを受け入れる社会システムとの適合性という問題です。社会の文化や伝統、価値観、すでに確立している社会制度などの適合性が低い場合には、イノベーションを多くの人に採用してもらうには時間がかかることになります。こうした場合、そのイノベーションの価値をきちんと世に発信してくれる良質なオピニオンリーダーの存在とそのプラスの影響力が重要になります。

7.　イノベーションと産業進化について

　アッターバックは、1980年代に自動車産業の成長過程の分析から、次の図のような産業進化モデルを提唱しました。

（1）製品イノベーションとは

　産業の初期段階の状況は流動期とよばれます。産業進化におけるこの時期の中心は**製品イノベーション**です。

　市場ができて間もないため、新しく登場した製品をどのように評価するのかという市場の評価も固まっていない時期です。このとき、提供する企業側は技術的にさまざまな可能性について提案してきます。そのため、いろいろな特徴（技術や性能、デザイン）をもつ製品が提供されます。製品をベースとした製品イノベーションがライバル企業間で活発に繰り返されていく時期です。

図表4-3　産業進化モデル

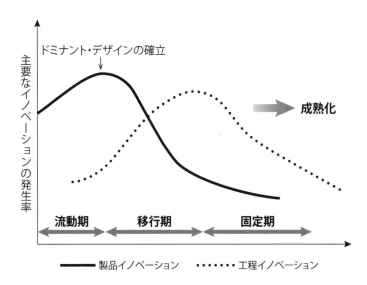

出典：アッターバック(1998)をもとに筆者作成

（2）ドミナント・デザインとは

　流動期にさまざまな技術に基づき製品イノベーションが展開されます。
その試行錯誤のプロセスのなかで、提供者（技術的な可能性）と利用者（市場）
が相互作用しながら、「その製品がどのようなものであるか」ということへの
理解や合意が形成されていきます。そして最終的に、ある特定のデザインが、
市場の支配を勝ち取ります。この「市場の支配を勝ち取ったデザイン」のこと
を**ドミナント・デザイン**とよびます。

　ドミナント・デザインが確立すると、そのなかで必要な諸要素の機能向上
の追求や、需要増加に応じるための生産工程の効率化、コスト削減などにイ
ノベーションの力点が移ります。このイノベーションが**工程イノベーション**
（図表4-3では点線で表記）であり、ドミナント・デザインの確立後は、この
工程イノベーションがイノベーションの中心になります。先に説明したシュ
ンペーターは、馬車から鉄道に代わるような非連続的なイノベーションに注
目しましたが、工程イノベーションのような連続的で漸進的なイノベーショ

ンの繰り返しが、産業の進化や企業の成長に大きな意味をもちます。

（3）産業の成熟化への道のり

　産業進化の最終段階が**固定期**です。この段階では、製品イノベーションも工程イノベーションもその発生率が低い状態になり、その産業では、イノベーションが発生する余地があまりないほどに成長した時期になります。このような固定期に至っている状態を産業の成熟化とよびます。

　産業が成熟化に向かっていくと、企業間競争は資本集約的な競争になっていきます。例えば、コスト競争に打ち勝つような生産効率の高い工場を作る、工場設備に高度な機械を導入する、性能アップのために多額の研究開発費を投入する、という資金力が工程イノベーションの成功のカギとなってきます。

　そうすると、この段階で産業で活躍できるのは、そのような資金力競争に耐えられる巨大な企業だけになり、それに耐えられない企業はどんどん淘汰されていきます。最終的に固定期の産業で活躍するのは、安定的な市場シェアをもった少数の企業に絞られていくことになります。

（4）「脱成熟」と産業の再流動化

　産業が成熟化すればするほど、製品イノベーションも工程イノベーションも起きない状態となります。しかし、多くの産業ではここから別の動きが起こります。それが**脱成熟**の動きです。

　ある技術体系は、永遠にそのまま進化できるわけではなく、どこかに自然法則に起因する進化の限界があります。開発投資をしても、もうそれ以上にその技術は進歩できないという限界点に直面します。その限界を超えるためには、別の技術体系に移行する必要があります。このような転換によって生じるのが脱成熟の動きです。この脱成熟の動きは、それ以前とは異なる技術により、非連続的に発生します。

　産業で脱成熟が生じると、「脱成熟前の第1ラウンド（産業が成熟化した状況）」が終わり、再び第2ラウンドとして再流動化が始まります。そのことは、活動する企業にも大きな影響があります。脱成熟によって既存の企業が衰退してしまう可能性も生じるのです。なぜ、成功してきた企業が脱成熟に対応

できないのでしょうか。

　1つ目の理由は**生産性のジレンマ**（Productivity dilemma）です。産業の成熟化にいたる産業進化の固定期では、工程イノベーションが徹底的に追求され、生産の合理化を達成している企業だけが生き残れる状態です。企業は多額の設備投資をして合理的な生産システムを造ったり、それらをより良く使うために企業としての知識やノウハウを蓄積しています。

　こうして多額の投資を続けて獲得できた自社の資源が役に立たなくなってしまう（＝陳腐化する）ような新しい変化を自ら行うのは、とても困難になります。結果的に、そうした新しい取り組みに消極的になり、脱成熟につながるようなイノベーションに着手するのが遅くなる傾向にあります。

　2つ目の理由が、すでに育った既存技術と登場間もない新技術の違いです。脱成熟につながるような変化のシーズもその登場段階では、とても脆弱なものです。新技術が世に登場した段階では、既存技術に比べると実力差があります。既存技術は十分に進化した成熟した技術ですが、未完全な新技術はまだ将来が不明なものです。そうすると、それが脱成熟につながるような技術であったとしても、「限界に近いかもしれないけど、もうちょっと伸ばせる」既存技術を大事にする方に行動しがちです。既存技術は自分たちが大事に育ててきた技術であり、ここにもっと投資すれば、まだもうちょっと行けるかもしれない考えてしまうのです。まさに、これまでの技術体系の「第1ラウンド」で成功してきたからこその判断です。

　そして、いよいよ限界点に近づいたタイミングで新技術に切り替えようとしても、そのときは新技術の蓄積が脆弱でそちらに力を入れてきた別の企業（新規参入企業や業界下位の成功していない企業）に追いつけず、結果として脱成熟の波に乗り遅れてしまうことになります。

　第1ラウンドでは存在していなかった新規参入企業や成功しなかった下位企業たちは、そのような判断をせずに新技術と向き合うことができます。一度成功したからこそ次の失敗に繋がってしまう意思決定になるのです。

　破壊的なイノベーションは、それまでの製品よりも安くて、簡単で、便利というように製品の評価基準を変えてしまうことがあります。しかし、その技

術は、最初は未完全であるために、市場の上位にいるような要求水準の高い顧客の要望を満たすレベルには達していません。こうした上位の顧客の要望にきちんと対応しようと既存企業は既存技術をより磨いていきます。

図表 4-4　技術の S 字カーブ

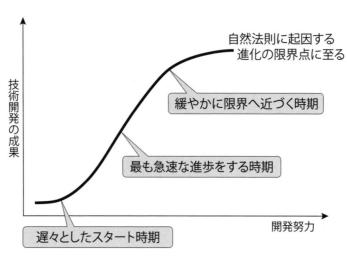

出典：フォスター(1987)をもとに筆者作成

　最初は低い要望にしか応えられないレベルであったとしても、進歩を遂げることで、上位の顧客の要望に応えられる水準まで到達できる可能性があります。そうすると上位の顧客も、新しい技術による製品の評価基準の製品に乗り換えます。その結果、従来の評価基準で従来の技術を磨いてきた企業は、一挙に市場を失い、かつ、新しい評価基準にも対応できないという状況になってしまいます。

　このように、一度成功したからこそ、脱成熟という大きな変化のなかでは失敗するきっかけが生まれてしまうというのが、イノベーションの難しい問題です。

　本章では、イノベーションが企業活動や産業進化に与える影響について考えてきました。こんにちの日本にとって、イノベーションを考えていくこと

が、将来の発展のために不可欠な要素です。そして、それは「技術」だけで解決する問題ではありません。イノベーションの活動はいつも成功するわけではありません。しかし、企業はそれに挑戦し続けなければなりません。新製品や新サービスというカタチでイノベーションの成果を目にしたとき、その背後にある企業のイノベーションへの取り組みについて、思いを馳せてみてください。

< ディスカッション課題 >

① みなさんが子どものときにはなかったけれど、現在、多くの人が利用している革新的な製品やサービスを探してみましょう。その製品やサービスが使われることで、私たちの生活や社会はそれ以前とどのような変化が起きたか考えてみましょう。
② 身近な製品やサービスのドミナントデザインについて考えてみましょう。

第5章　マーケティングとは何か

◆◆ サマリー ◆◆

　私たちは朝起きてから寝るまでに、無数の製品やサービスに触れています。また、テレビ CM やインターネットの広告、新聞の折り込みチラシや店頭販売など多くのものを見聞きします。これらは、企業のマーケティング活動と深く関係しています。マーケティングとは、企業が「顧客の創造と維持」を目的に、製品やサービスを介して顧客に満足を提供し、その対価を得る企業活動です。本章では、企業のマーケティング活動に焦点を当て、その基本的な考え方や方法について学習することを目的とします。

■ キーワード ■

顧客の創造と維持　販売とマーケティング　マーケティング・プロセス

1. マーケティングの位置づけ

　はじめに、企業経営のなかで**マーケティング**がどのような位置づけなのかを整理します。経営はよくヒト・モノ・カネ・情報といいますが、近年はそこにブランドや監査といった要素も加わります。これは、モノが溢れて商品の差別化が難しくなったという点、また企業の不祥事が後を絶たないという点から、求められるようになりました。

　図表 5-1 は、企業における経営資源を整理したものです。企業は事業目的を達成するために経営戦略を立案し、経営戦略に紐づく形で組織・人事、マーケティング、財務管理、情報管理という経営資源を活用します。そして、監査

によってその活動が倫理的にはもちろんのこと、法令や社内規定などの基準
に照らして順守されているか確認します。マーケティングはヒト・モノ・カ
ネ・情報のなかで主にモノに関する経営資源です。モノの企画、開発、製造、
販売に関連するものから販売後のアフターフォローまで含みます。これを顧
客の立場から捉えてみると、購入前、購入時、購入後、そして使用後、廃棄・
処分に関連します。マーケティングは、この企業と顧客に着目し、双方を結び
つけていきます。

図表 5-1　マーケティングの位置づけ

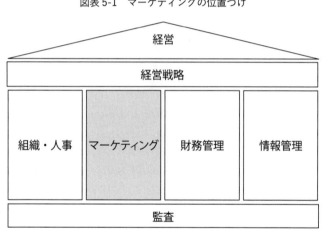

出典：筆者作成

　企業が永続経営するためには顧客に商品やサービスを買ってもらい、利益
を上げる必要があります。これは企業に資金をもたらす顧客が全ての活動の
起点であることを意味します。企業は顧客視点という原理・原則に立ち、顧客
が満たされていない商品やサービスを提供するという思考が欠かせません。
そのため、商品やサービスに関する諸活動を担うマーケティングは、顧客が
求めるものを発見し、自社の経営戦略を結びつけ、組織・人事、財務管理、情
報管理、監査と連携しながら顧客に商品やサービスを提供します。顧客に受
け入れられる商品やサービスをつくるには、関連する部門はもちろんのこと、

ときには外部の組織や地域も含む全方位の調整役もマーケティングの大切な
役割といえるでしょう。

2. マーケティングとは何か

（1）マーケティングの定義

　企業は顧客が商品やサービスを購入・使用することで満足し、その対価と
してお金を支払うことで企業活動は成り立ちます。そのためには、顧客を開
拓することと、一度購入した商品を再び購入してもらうことが大切です。つ
まり、マーケティングは『顧客の創造と維持』を目的とする企業活動といえる
でしょう。企業はマーケティングの計画・実行・評価・改善のプロセスを繰り
返すことでその目的を達成しようと試みます。

　アメリカ・マーケティング協会(American Marketing Association : AMA)は、
マーケティングを『マーケティングとは、顧客、依頼人、取引先、社会全体に
とって価値のある提供物を創造・伝達・配達・交換するための活動であり、一
連の制度、そしてプロセスである。』と定義しています。アメリカ・マーケテ
ィング協会の定義には、多くの関係者との関係性を重視していることが読み
取れます。また、価値ある提供物にはアイデアも含まれており、その対象は有
形無形を問わず幅広いものとなっています。さらには、これらの活動に対し
て制度設計するプロセスであるとしています。つまり、マーケティングの定
義を端的に表すと『売れる仕組みづくり』といえるでしょう。

（2）販売とマーケティング

　著名な経営学者のピーター・ドラッカーは「マーケティングの究極の目的
はセリングを不要とすること」と述べています。この指摘は、マーケティング
の『売れる仕組みづくり』は究極的にはセリング、つまり販売しなくても、お
のずと売れるようになるということです。

　企業の**販売活動**は、生産した製品を顧客に提供し、その対価として利益を
得ることを目的にします。強引に販売する店員からついついモノを買ってし
まうことがあるように、販売の主な目的はいかにたくさんの製品を売るかで

す。そのため、目の前の顧客を逃すまいとついつい短期的な利益の追求に陥りがちです。その結果、ときに強引な販売によって顧客は不利益を生じかねず、不満をもたれてしまうことがあります。その不満は口コミというかたちで周囲に悪い評判を伝えてしまい、将来の利益の源泉を失う危険性をはらんでいます。一方、**マーケティング**は長期的な視点に立ちます。マーケティングは、顧客が欲しがる商品・サービスから生み出される満足から利益を得ます。顧客は商品やサービスを使用・消費し、満足した結果、再び商品を購入することになります。このような継続的な取引関係によって企業は、顧客とさまざまな接点をもつことができることから販売機会は増え、長期的な信頼関係が築かれます。図表5-2は、販売とマーケティングの違いです。

図表5-2　販売とマーケティングの違い

分類	起点	焦点	手段	目標	期間
販売	工場	既存製品	販売とプロモーション	販売量からの利益	短期的
マーケティング	市場	顧客ニーズ	総合型マーケティング	顧客満足からの利益	長期的

出典：コトラー、アームストロング、恩藏(2014、p.12)をもとに筆者一部加筆修正

　元ハーバード・ビジネススクール名誉教授のセオドア・レビットは、「マーケティングと販売は、字義以上に大きく異なる。販売は売り手のニーズに、マーケティングは買い手のニーズに重点が置かれている」と述べています。**ニーズ**とは、欠乏を感じている状態のことであり、人間が本質的に備わっているものです。

　また、レビットは「企業が売ろうとするものが、売り手によって決まるのではなくて、買い手によって決まるという点である。売り手は買い手からの誘導によって動くのであり、売り手のマーケティング努力の成果が製品になる。決してその逆ではない」と思考の起点の重要性についても触れています。

3. マーケティングのプロセス

より効果的なマーケティング活動を推進するにはプロセスが大切です。マーケティング・プロセスは、まず顧客ニーズを発見することから始まります。次に、必ずしも同質ではない顧客ニーズを何らかの基準でグループ分けし、そのなかで顧客は誰かというターゲットを設定します。その後、自社製品の便益をどのように提供するかコンセプトづくりを行います。コンセプトが決まったら、具体的な製品をつくり、製品の値づけをどうするか、どのように顧客の手元に製品を届けるのか、限られた予算のなかで最も効果的な販売促進活動を行うためには何をするかを決定します。最後に、顧客と信頼関係を結び、いかに末永く顧客になってもらうかを決定します。このような一連のマーケティング・プロセスの設計・管理を**マーケティング・マネジメント**といいます。以下で順を追って整理していきます。

（1）顧客ニーズの発見

顧客ニーズは市場から発見します。市場とは、売り手と買い手が製品の交換を目的として集まる場所です。買い手は欲しいものを求めて市場を訪れます。一方、売り手は買い手の求めるものを提供して利益を得ます。売り手と買い手の取引が成立するのはそこに価値があるからです。ここでいう価値とは、例えば、買い手は「喉の渇きを潤したい」というニーズが満たされたことを指します。また、ウォンツという言葉もあります。**ウォンツ**とは、ニーズを満たすための、特定のモノが欲しいという欲望のことです。例えば、喉の渇きを満たすべく「炭酸水が飲みたい」というものです。

顧客ニーズは、顧客インタビューや観察によって発見します。また、私たちは人口減少や地域との人間関係といった社会的関係や文化、雇用や経済成長、政治的な規制緩和や規制強化、法制度、情報通信技術（ICT）などの技術革新、地球環境や資源エネルギーなどの環境によって日常生活は変化します。例えば、モノを買った際にそれを入れるビニール袋が有料化になれば買った物を入れる袋のニーズが高まり、エコバック市場が生まれるというものです。つまり、**社会的・文化的要因、経済的要因、政治的要因、技術的・環境的要因**と

いったマクロ視点からも顧客ニーズを探索します。それぞれの英語の頭文字を取って **PEST**（ペスト）分析といいます。企業はミクロとマクロの視点から顧客ニーズの発見、つまり市場機会を発見します。

（2）セグメンテーション、ターゲティング、ポジショニング

　市場には無数のニーズが存在します。企業の経営資源は有限なので、全てのニーズに対応することはできません。そこで、市場を構成する顧客全体を何らかの基準で同質的な顧客グループに分割することが重要です。これを**セグメンテーション**（segmentation）といいます。

　セグメンテーションは、人口動態的基準、地理的基準、心理的基準、行動的基準で検討します。**人口動態的基準**は、年齢、性別、職業、教育水準、年収、家族構成、ライフステージ、言語などです。例えば、人口動態的基準の年齢を基準にセグメンテーションすると男性と女性で競技用水着のニーズが異なることがわかります。**地理的基準**は、国や地域、年や郊外、気候など地理的要素を基準に細分化します。関東と関西ではうどんのダシが違うように、食品メーカーは地域性によって異なる味覚の地理的要素に注目します。**心理的基準**は、価値観やライフスタイル、関与を基準とする市場細分化です。例えば、サッカー観戦が趣味の人は毎週スタジアムに応援に行くというものです。その際、チームのサポーターは応援しているチームのユニフォームやタオルを着用することで一体感を得ようとするので、これらのグッズを販売すれば売れる可能性は高いということになります。**行動的基準**は、顧客の行動特性に焦点を当てた市場細分化の基準です。顧客の購買履歴や使用データを活用します。例えば、小学校の近くにあるコンビニでは、運動会の日の購買履歴を見るとスポーツドリンクの売れ行きが毎年良いとなれば、今年も多く仕入れようとなります。

　セグメンテーションによって市場の細分化ができると、次はこれらのセグメントのなかからターゲットとなる最適なセグメントを特定します。これを**ターゲティング**（targeting）といいます。ターゲットは複数あってもかまいません。例えば、おむつは幼児用、大人用、宇宙飛行士用、ペット用という複数のターゲットが設定されています。

　狙うべき顧客が特定できると、次はポジショニング（positioning）です。**ポジショニング**は、商品のコンセプトづくりが主な目的で、その後のマーケティング施策の羅針盤になります。ポジショニングは、その特定セグメントにおける競合との差別化要因を明確にすること、顧客ニーズに訴求する**便益**を決定することの２つを軸に検討することが特に大切です。

　例えば、飲料メーカーのレッドブルは、栄養ドリンクではなく、エナジードリンクというポジショニングで、当時独自の市場を形成しました。

　以上のように、セグメンテーション、ターゲティング、ポジショニングの３つのプロセスを合わせて STP といいます。

（3）マーケティング施策

　実際に企業が顧客に製品やサービスを提供するには、これまでの計画を具現化する必要があります。例えば、製品名をどうするか、製品内容はどのようなものにするか、価格はいくらが最適か、どの小売店に流通させれば買ってもらえるか、どのような販売促進方法を使うかといった要素についての実現施策を検討します。

　これらマーケティング施策の組み合わせを、**マーケティング・ミックス**といいます。マーケティング・ミックスで最も有名なものはマッカーシーの 4P です。**4P** は、製品（product）、価格（price）、流通（place）、プロモーション（promotion）で構成されます。

　製品とは、市場において買い手がそれを手に入れるために対価を支払おうとする対象物です。例えば、カップラーメンや自動車は有形財という製品、ホテルのルームサービスやスポーツ観戦は無形財というサービスです。製品は、中核となる便益を実態にしたものです。この実態は、製品・サービスの中身はもちろんのこと、ブランド、デザイン、パッケージング、特徴、サイズ、品質などからなります。また、冷蔵庫やエアコンといった家電製品は配送、設置、取りつけサービスや使用済み家電の引き取り、購入後の修理や保証といったものも含まれます。

　価格とは、製品の値段のことです。顧客が製品やサービスを購入するかどうかは、製品そのものの機能・特性・付加サービスだけでなく、購入のために

支払う金額や支払い条件によっても影響されます。価格には、標準価格や割引価格だけでなく、下取り価格、支払期限、信用取引条件など価格決定に関わる諸要件も含まれます。価格は、安ければよいというものではありません。企業が製品・サービスを提供するために必要な費用を回収し、明日の糧に費やす原資を得るため、適正な利益を獲得するよう設定するのが大原則です。また、高級品などは価格を安くしてしまうとかえって売れなくなってしまう場合があります。さらに、一度価格を下げてしまうと値上げをするのは困難です。このように、価格は顧客の購買行動に大きな影響を及ぼすので、慎重に検討しなければなりません。

　流通とは、店舗や販売地域、販売拠点、在庫、配送、物流、チャネル、流通カバレッジなど、完成した製品が顧客の手元に届くまでの活動を指します。どんなに魅力的な製品でも、顧客の手元に届かなければ購入してもらえません。したがって、①どの流通業者を利用するかしないかということ、②販売拠点の密度を決めること、③小売業態の取引範囲を決めることは大切です。①流通業者を決めるというのは、一般消費者向けの製品の場合、卸売業者や小売業者をどの程度関与させるかというものです。自社が消費者と直接取引をする場合、販売情報や顧客の反応を直接把握することができます。しかし、自社と顧客の間に卸売業者や小売業者が介在すればするほどその情報は把握しにくくなり、販売の機会を逃してしまう可能性が高まります。②販売拠点の密度を決めるというのは、顧客の買い物の利便性を考えて、流通させる店舗の密度を決めるというものです。日用品であれば密度を高め、洋服や家具などであれば顧客は比較的遠方まで足を運びますから店舗の密度を高める必要はないでしょう。③小売業態の取引範囲を決めるというのは、小売店は業態ごとに異なる特徴をもっています。例えば、スーパーは主婦、コンビニエンスストアであれば単身者や、値段よりも利便性を重視する人たちです。企業は業態間の相違点によって取扱製品の種類、販売価格帯や値引率、取引単位、配達・設置工事などの付加価値サービスといったものを調整していきます。

　プロモーションとは、自社の製品に関する情報を顧客との間でいかにコミュニケーションをしていくかという活動です。広告、パブリシティ、セール

ス・プロモーション、人的販売など顧客に知ってもらう活動から購入してもらう活動までを含みます。顧客とのコミュニケーションは、購買意思決定のどこに狙いを定めるか、誰にどのようなメッセージを、どのような手段で伝達するかを検討します。企業は限られた予算のなかで効果的な成果を上げるには、消費者行動モデルのどこに狙いを定めるか検討します。

　ここでは、インターネットが社会インフラとなった現在の消費者行動モデルの1つである AISAS モデルで整理します。**AISAS モデル**は電通が提案するモデルで、Attention（注意）、Interest（興味・関心）、Search（探索）、Action（行動）、Share（共有）という5段階の流れで構成されます。購入前にインターネットで検索して調べる Search（探索）、購買後に使用感や評価、感想などをインターネット上に書き込んだり、写真を貼りつけたりして第三者と情報を共有する（Share）があり、その過程で口コミが発生、それを閲覧した人たちが Search の段階で検索、品定めや比較を経て購買に至り、そして Share をするという拡散構造になっていることが特徴です。

　購買意思決定プロセスにおける刺激する段階が定まると、次はメッセージと伝達手段を考えていきます。メッセージは、同じ情報を伝えるにしても相手によってさまざまな捉え方があります。例えば、韓国料理を営むお店が「うちのサムギョプサルはおいしい豚肉を使っています！」というメッセージを発信した場合、韓国人であれば来店しますが、豚を食べることが禁忌のイスラム教徒は来店しません。伝達する手段とは、メッセージを載せる媒体です。具体的には、新聞、雑誌、テレビ、ラジオ、インターネット、ダイレクトメール、屋外広告、POP、チラシ、フリーペーパーなどがあります。それぞれの媒体には顧客がついています。例えば、『日本経済新聞』であれば経済やビジネスに関心のあるビジネスマン、小学館が発刊している『幼稚園』であれば幼児です。企業は、1つあるいは複数の手段を選択し、人々に効果的なメッセージを伝えられるよう計画しなければなりません。

（4）顧客マネジメント

　企業は製品を販売したら終わりではありません。長期的な視点に立ち、いかに末永く顧客になってもらうか、つまり**顧客マネジメント**が重要です。企

業は顧客との信頼関係を築くため、例えば品質に一切の妥協がない、店員の誠実な対応など、顧客の期待を上回る喜びや裏切らない姿勢が不可欠です。顧客が企業や製品に愛着をもって購入し続けたいという気持ちを**コミットメント**といいます。この信頼とコミットメントを企業と顧客が結ぶ「**絆**」ないしは「**エンゲージメント**」とよびます。

　モノが溢れる時代においては新規顧客を開拓するよりも、購入経験のある顧客に継続購入をしてもらう方が費用対効果は高く効率的です。ある調査によると、一般的に顧客維持にかかる費用は新規顧客獲得費用の5分の1といわれています。顧客を一度きりの購入客ではなく、生涯にわたって継続購入する顧客としてみる顧客生涯価値という視点に立つことが大切です。**顧客生涯価値**（life time value：LTV）は、1人の顧客が生涯にわたって企業にもたらす価値の合計です。

　また、顧客は購入し、使用するとその評価を周囲に伝えます。いわゆる口コミです。企業は口コミの評価によって顧客の創造と維持の機会が増したり失われたりします。このようなことから意識しなければならないのは、顧客マネジメントは品質不良や企業不正、経営陣や社員の不祥事、不測の事態への対応の遅れなど倫理感や誠実さが欠けた態度が公になるとこの絆は失われてしまうということです。組織に属する1人1人が自覚と責任をもち、真摯に企業活動を行うことで顧客と信頼関係を築いていくことが求められます。

（5）統合型マーケティング

　マーケティング・マネジメントを設計するにあたり、全体として統一感なくバラバラに各要素がつくられていては期待する成果は望めません。それぞれのマーケティング要素は、顧客が求めているものを創り出すという目的のもと、統合的かつ戦略的に構築されなければなりません。また、経営者からあらゆる階層まで全員が顧客起点の発想と行動をとることが重要です。全社的な統合活動や連携プレーを展開することで、マーケティング・マネジメントは機能します。このようなマーケティングの発想と活動は、**統合型マーケティング**とよばれます。マーケティングを全社的に行うことで本来の価値を生み出すことができるのです。図表 5-3 はマーケティング・プロセスの一連の

流れと関係性を示したものです。

図表 5-3　マーケティング・プロセス

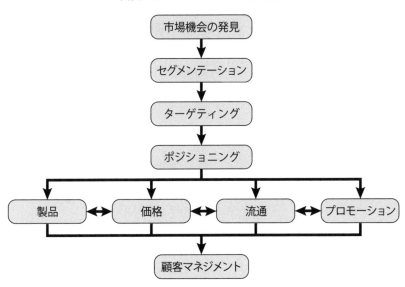

出典：コトラー&アームストロング(2003)をもとに筆者作成

　市場機会の発見、セグメンテーション、ターゲティング、ポジショニングに
よって製品・サービスのコンセプトづくりを行い、マーケティング・ミックス
の羅針盤をつくります。その後、そのコンセプトを具現化するため、マーケテ
ィング・ミックスに取り掛かります。マーケティング・ミックスは製品、価格、
流通、プロモーションの 4 要素から構成されます。最後に、顧客マネジメン
トで顧客と末永い関係性を築きます。この一連のプロセスにおいて、各要素
の縦のプロセスと横のプロセスに一貫性をもたせることで、顧客の創造と維
持の実現を目指します。

■■コラム■■

ターゲットを変えると市場が生まれる

　かつて経営学者のピーター・ドラッカーは、「企業の目的は顧客の創造である」と述べました。買い手である顧客と売り手である企業が出会うと市場は生まれます。

　マーケティングの英単語は Marketing です。Marketing は、市場という意味の「Market」と、進行形の「ing」から成る単語です。このことから、マーケティングは市場を創造し続けるという意味が込められていると考えることができるでしょう。

　みなさんは「おむつ」をご存じでしょうか。おそらく、誰もが一度は穿いたことがあると思います。また、これまで穿く機会に恵まれなかったとしても、近い将来に穿くかもしれません。経済産業省によると、世界最初の紙おむつは、1940 年代半ばにスウェーデンで誕生しました。当時は、綿不足による赤ちゃんの布おむつの代替品として用いられていました。紙おむつは洗う・干す手間がなく、衛生的であることからもヨーロッパ中に浸透していきます。その後、1962 年に大人用紙おむつが誕生します。近年の日本は少子高齢化という人口構造です。そのため、少子化による子供用紙おむつ市場が縮小する一方で、高齢化による大人用紙おむつ市場は増加傾向にあります。2019 年の大人用紙おむつの市場規模は、792 億円（前年比 2.3%増）と増加しています。

　紙おむつは、テープ型式とパンツ型式、パッド・ライナーといったいくつかの形状はあるものの、求められる必須機能は吸水性と肌への質感です。この点はターゲットが子供でも大人でも変わりません。また商品として訴求するポイントがシンプルなこともあり、企業は比較的スムーズにターゲットを変更することができるでしょう。近年の紙おむつは子供や大人に加え、宇宙飛行士やペットなどもターゲットになっています。富士経済によると、ペット用紙おむつの市場規模は 2019 年に 62 億円、2022 年には 80 億円（2019 年比

29％増）と試算しています。

　このように、「おむつ」ひとつとってもターゲットを子供から大人へ、あるいはペットにと選定することで、新たな市場は創造されるのです。そして、市場を創造し続けるということは、それがマーケティングであるといえるのではないでしょうか。

参考：
富士経済グループ　2020　「ペット関連商品の国内市場を調査」『プレスリリース』　20057
　　富士経済
富士経済グループホームページ　https://www.fuji-keizai.co.jp/market/detail.html?cid=19079&
　　view_type=2　（2022 年 1 月 7 日参照）
一般社団法人日本衛生材料工業連合会ホームページ　https://www.jhpia.or.jp/product/diaper/
　　data/index.html　（2022 年 1 月 7 日参照）
経済産業省ホームページ　https://www.meti.go.jp/policy/chemical_management/chemical_wondertown
　　/babygoods/page04.html　（2022 年 1 月 7 日参照）

＜ ディスカッション課題 ＞

① あなたがお気に入りの製品やサービスをあげてみよう。なぜお気に入りなのか、その理由を考えてみよう。
② 具体的な製品やサービスを用いて、セグメンテーションとターゲティングを説明してみよう。
③ マーケティング・プロセスがうまくいっていると思う製品を 2 つあげ、各プロセスに整理してみよう。そして、うまくいっているところが同じ点や違う点を比べてみよう。

第6章　グローバル化と国際経営

◆◆ サマリー ◆◆

　1990 年代に始まったグローバル化は、企業の国際経営のあり方を大きく進展させてきました。今や市場は国や地域に止まらず、広大な経済圏が出現をしてきています。国境を越えて企業がどのような事業活動をしてきたのか、国際化・多国籍化・グローバル化の 3 つの視点から考察し、企業がなぜ多国籍化を目指すのか、本章では 2 つの理論から理解を深めます。また、グローバル化社会における経営にはどのような課題があるのかを一緒に考えてみましょう。

■ キーワード ■

グローバル化　多国籍企業　直接投資　グリーンフィールド投資　M&A
合弁事業　プロダクト・サイクル・モデル

1.　グローバル化とは何か

　1990 年代に入り、**グローバル化**という言葉が世の中において頻繁に使われるようになりました。今では、世界中においてグローバル化社会に生きていると認識している人は少なくないはずです。

　では、このグローバル化とは何かと問われた場合、どのように説明をすれば良いでしょうか。日本政府は「グローバル化」を「資本や労働力の国境を越えた移動が活発化するとともに、貿易を通じた商品・サービスの取引や、海外への投資が増大することによって世界における経済的な結びつきが深まるこ

とを意味する」としています。また、世界銀行ではグローバル化を「個人や企
業が他国民と自発的に経済取引を始めることができる自由と能力」と定義し
ています。内閣府の解釈によると、世界銀行で定義するところの「自由」とは
「国境を越えて資本・労働力等の移動に障害がないこと」、そして「能力」と
は「国境を越えて商品・サービスを提供し、あるいは他の国で経済活動をする
能力があること」を意味するとしています[1]。

　本章では、こうした観点を踏まえ、経営学的な視点からグローバル化を情
報革命と交通網の発達と技術革新によってもたらされた地球規模的な取引現
象と捉えたいと思います。

　ここで言う情報革命とは、インターネットの誕生を指します。元来インタ
ーネットは、私たちの生活とはかけ離れた軍事用コンピュータシステムが始
まりとされています。アメリカ国防総省高等研究計画局（ARPA; Advanced
Research Projects Agency）の資金提供により、世界初のパケット通信ネットワ
ークである ARPANET（Advanced Research Projects Agency Network）の研究プ
ロジェクトが 1967 年に発足し、これが現在のインターネットの始まりといわ
れています。その後、1983 年に軍事用の MILNET（Military Network）が設立さ
れ、学術向けの ARPANET との分離が行われたことから、民間利用のネットワ
ーク研究が格段に進化していきました。やがて、先進各国にてさまざまな研
究がなされるようになり、1989 年に世界初の商用インターネット接続サービ
ス提供事業者（ISP）である PSINet が設立され、インターネットが経営の現場
へと浸透していきました[2]。

　また、交通網の発達も経営のグローバル化に大きく貢献しています。特に
近年の航空管制技術の発達は目覚ましく、より安全で効率的なシステムの開
発が進化したことにより、空の便の運航が以前にも増してスムーズに行える
ようになり、各国をつなぐ発着便が急増していきました。一方で、陸運におい
ても、高速鉄道網の発達が人の移動と物の流通を格段に進化させました。特

---

[1] 内閣府『平成 16 年度版 年次経済財政報告書』、第 3 章「グローバル化の新たな課題と構造
改革」、第 1 節「日本経済とグローバル化」、p.149 より引用。
[2] (財)日本ネットワークインフォメーションセンター「インターネット歴史年表」（JPNIC ア
ーカイブス）参照。

にヨーロッパのような陸続きの国々においては、大きな変化をもたらされました。日本の新幹線技術も世界において高く評価され、数多くの国で導入されています。

　そして、技術革新の進展によって新たに生まれる財やサービスが、近年のグローバル化を加速させています。特にフィンテック[3]の発展は金融サービス事業を革新的に変えました。IT 技術を活用した金融取引やクレジットカードなどの信用供与、送金や貸借のサービスなどの電子商取引市場が格段に進化をしました。なかでも、電子マネーやキャッシュレス決済における取引の成長は目を見張るものがあります。これらの財取引のほか、ゲームや音楽配信といったデジタル・コンテンツ市場やC to C のリユース市場も大きく発達してきており、デジタル経済の普及がもたらす経済効果は年々大きくなっています。

　このように情報革命・交通網の発達・技術革新が、国や地域といった地理的な境界や枠組みを越えた取引を促進することによって、ヒト・モノ・カネ・情報といった経営資源が地球規模で行き交うようになりました。

2. 企業の国際経営活動

　グローバル化社会における企業の国際経営とは、どのような経営なのでしょうか。現代企業の国際経営活動を「国際化」「多国籍化」「グローバル化」の3つに分けて、具体的な活動内容を見ていきたいと思います。

（1）企業の国際化

　まずは、企業活動の**国際化**を見てみましょう。一言に国際化といっても、その活動内容は企業の事業内容によってさまざまです。なかでも代表的な形態は、海外から原材料や部品、商品を調達したり、あるいは逆に海外の市場に向けてこれらの財を販売したりといった輸出入活動です。日本の輸出入の推移（図表 6-1）を見ると 1990 年代後半から 2000 年代にかけて、グローバル化の

---

[3] 金融を意味するファイナンス（Finance）と技術を意味するテクノロジー（Technology）を組み合わせた造語。

加速とともに増えている様子がわかります。

図表6-1　日本の輸出入額と差引額の推移

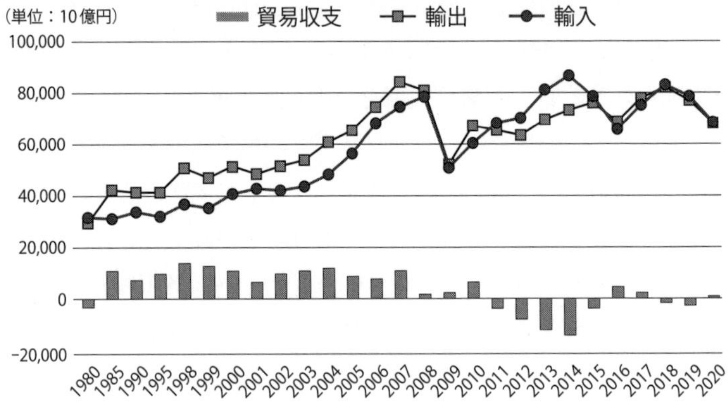

（単位：10億円）　■■■ 貿易収支　■ 輸出　● 輸入

出典：「貿易統計」財務省（年ベース）をもとに筆者作成

　また、海外との技術提携も企業の国際化活動の1つといえます。技術提携
には色々な方法がありますが、基本的には、2社以上の企業が互いの事業の独
立性を維持したまま、事業上の重要な技術を教示し合う企業関係のことを指
します。具体的には、日本企業と海外企業の間において、一方の企業が他方の
企業に対して、有償または無償にて技術やノウハウを供与したり、もしくは、
共同して技術開発に取り組んだりすることをいいます。加えて、海外企業と
の共同事業には、生産提携や販売提携といった業務提携の形態もあります。
前者は、海外企業に対し、生産の一部や製造工程の一部を委託することによ
り生産能力を補充するものです。主に製造委託契約の形をとります。一方後
者は、海外企業が有する販売資源、つまりブランド、販売チャネル、販売人材
等を活用して販路の拡大を図るものです。一般的には、販売店契約や代理店
契約が多く、ほかにもブランドやノウハウ等を提供するフランチャイズ契約
があります。

（2）企業の多国籍化

　続いて**多国籍化**についてみていきましょう。企業の多国籍化とは、国際化で説明したような事業活動を企業が自ら、少なくとも 2 つ以上の国や地域に拠点を設けて行うことを指し、こうした活動を実施している企業を**多国籍企業**とよびます。ここで注意をしなければならないのは、単に財やサービスの輸出入を行う企業は多国籍企業ではないという点です。多国籍企業は、海外進出に際し、経営支配をともなう資本移転をする点に大きな特徴があります。つまり、海外の拠点の資産を所有し、経営を支配するために**直接投資**[4]を行う企業でなければ多国籍企業の範疇には入らないということです。

　そして、多国籍企業が直接投資によって設けた国外拠点は海外子会社とよばれ、その設立方法は大きく分けて単独支配と共同支配の 2 つの方法があります。単独支配には、国外に新規に完全所有子会社を設立するケースと、国外の既存企業を接収して事業活動を行うケースがあります。前者を**グリーンフィールド投資**とよび、後者はいわゆる **M&A**[5]とよばれる企業の合併・買収のことを指します。

　一方で共同支配とは、複数の企業が出資し合って新しい事業を立ち上げる**合弁事業**のことをいいます。形態としては、出資をともなう投資となりますが、前述の提携と M&A の中間に位置している点が特徴的です。一般的には、合弁事業に参加する企業がお互いに出資し、新たに会社を設立して事業を始めるケースが多いのですが、なかには既存企業の株式を一部買収し、その企業の既存株主や経営陣と共同経営をする形態を取る場合もあります。こうした合弁事業を展開する会社を合弁企業（ジョイントベンチャー）とよびます。

（3）企業のグローバル化

　最後に**グローバル化**をみてみましょう。本章の冒頭で述べたように、近年のグローバル化の深化により、財や資本の国際移動がますます活発化してい

---

[4] 配当や利子を目的とした証券投資等の間接投資とは異なることを明確に区別する必要がある。
[5] 「Merger」＝合弁と「Acquisition」＝買収の頭文字を表した言葉。合弁とは、複数の企業を1 つに統合することをいい、買収とは、企業の株式や事業を買い取って運営することを指す。

ます。こうした背景を受けて、最近では複数の国や地域において事業展開を行っている多国籍企業をグローバル企業と称したり、トランスナショナルという表現を用いたりするケースも増えてきました。グローバル化の最も特徴的な現象は、国家間の壁が低くなり、人々の国境意識が希薄化していく点です。そして、その傾向は企業経営にもさまざまな影響を与えています。

　1つ目は、グローバル化による世界経済の融合です。世界的に経済が融合することによって、市場は新たな協調と秩序を生み出していきます。こうした動きに合わせて、企業は全世界の市場に通用するような製品の展開やグローバルな経営に適した経営管理への対応を迫られています。

　2つ目は、**経済圏**の形成です。現在、世界各地でさまざまな経済圏が形成されており、日本も TPP[6]や RCEP[7]といった広域経済圏の協定に参加をしています。広域経済圏は、圏内における自由貿易の実現が大きな目標となるため、将来的に貿易障壁が撤廃されても、企業の競争力を維持・向上できる力が求められています。

　これらの環境変化に対応するために、多くの多国籍企業はグローバル標準化を目指し、世界共通の経営管理方式を採用し、企業内の国際分業を実施しています。具体的には、製造拠点の分散化、本社機能の多国籍化、国境を越えた研究開発といった取り組みがなされています。製造拠点の分散化に関しては、市場が広がるなかで、これまで製造拠点を本国に集中しがちだったものを見直して、世界各地域に分散させることによって、より効率的に世界各地の市場に対応できる体制をつくる取り組みです。

　本社機能の多国籍化は、本国にのみ本社機能を集約させていたものを改め、各海外拠点にも本社機能を置く管理方式のことをいいます。このように現地に対応した管理方法を現地適応型とよびます。また、少し前までは、研究開発は本国でのみ実施する企業がほとんどでしたが、最近では国境を越えた研究開発の連携も増えてきました。例えば、自動車製造を手掛ける多国籍企業な

---

[6] 環太平洋パートナーシップ協定の略語。日本をはじめとする11カ国が協定を締結し、2021年9月までに8カ国が署名し、発効している。
[7] ASEAN加盟10カ国と、そのFTAパートナー5カ国の間で締結された地域的な包括的経済連携協定の略語。現在日本をはじめとする11カ国が署名を終え、2022年2月に発効される。

どでは、海外子会社の得意分野であるデザインと、本国の得意分野であるエンジン開発とを組み合わせた製品開発を実践している企業もあります。

　しかし、いくらグローバル化が進んだとしても、国家が存在する以上、国境は決して無くなるものではありません。また、国家にとっては、当然のことながら国益が最優先となるため、多国籍企業が進める国境を越えた製造や販売、そして研究開発にはさまざまなハードルがあることも現実として捉えておくことが重要です。

3．企業が多国籍化をするのはなぜか

　では、なぜ企業は多国籍化をするのでしょうか。客観的にみても、企業にとっては、わざわざ苦労して見知らぬ土地で一から事業開拓をするよりも、慣れた本国で事業を展開する方が背負うリスクが少ないと考えられます。しかし、そうしたリスクを負っても、海外進出を目指す企業は少なくありません。

図表6-2　日本企業による海外直接投資の推移

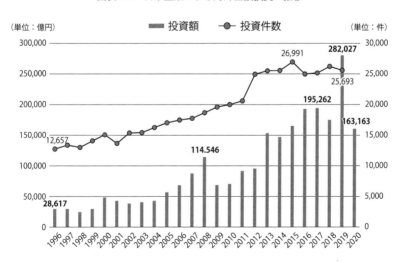

出典：財務省「国際収支」、経済産業省「海外事業基本調査」をもとに筆者作成

　図表 6-2 を見ると、日本企業による海外直接投資の投資額は、1990 年代後半より徐々に増加し、2000 年代に大きく伸びました。2008 年のリーマンショックの影響により、一時的に停滞をしますが、2010 年代に入ると加速度的に増加の一途をたどりました。また、投資件数でみると、2015 年あたりまで伸び続けているのがわかります。2019 年は過去最高額を記録していますが、投資先の内訳をみてみると、アメリカと EU への投資の大きな増加がみられます。

　しかし、2020 年はパンデミックによる経済活動の制約が大きく影響し、日本からの海外直接投資の動きは停滞を余儀なくされました。多くの国や地域の経済回復が感染動向に大きく依存しているため、ロックダウンなどにより投資先における活動が停止に追い込まれるケースも多発しました。このようにグローバル化社会における海外直接投資は、予期せぬグローバルリスクに影響されやすいことを認識しておくことも重要です。

（1）プロダクト・サイクル・モデル

　前述のように数々のハードルがあるにもかかわらず、多くの企業が多国籍化を試みるのはなぜでしょうか。

　その解を探るには、まずアメリカの多国籍企業の発展を理解する必要があります。なぜならば、世の中における企業の多国籍化は、アメリカ企業のヨーロッパ市場進出に端を発しているからです。1958 年に EU（欧州連合）の前身である EEC（ヨーロッパ経済共同体）が成立したのを契機に、その魅力的な市場への参入を試み、数多くのアメリカ企業が進出をしました。

　こうしたアメリカ企業の動向と発展形態を発見したのが、ヴァーノン（R. Vernon）を中心としたハーバード大学の多国籍企業プロジェクトでした。彼らは、1960 年代末に多国籍企業を『Fortune』誌の企業ランキング 500 社の企業で、6 カ国以上に製造子会社を所有する企業と定義し、そのうちの 187 社を抽出して継続調査を行いました。そして、多くの多国籍企業は**プロダクト・サイクル・モデル**に沿うように進展することを明らかにしました。

　プロダクト・サイクル・モデルの大きな特徴は、どの製品にもライフサイクル、つまり新製品としてこの世に誕生してから商品の魅力が衰退するまでの段階があり、その段階に応じて企業の取る戦略が変わることを説明している

点です。特に製品のライフサイクルを貿易と海外直接投資の理論に導入した点は大きな功績といえます。このモデルでは、プロダクト・サイクルの第1段階を、新製品の開発と生産が始まる段階とし、この段階における市場の必要性、つまり顧客の求めるところを示すニーズを的確に把握することが極めて重要だとして、市場に対する地理的接近性を重視しました。当時のアメリカの製造業は、進出先として、自国と生活様式が似ていて所得水準も高かったヨーロッパを選択した点において地理的接近性に優れていたからこそ、製品開発で圧倒的優位に立てたということが言えます。

続いて、第2段階を成熟製品段階としました。消費者の需要が増え、国内外の多くの人の手に届くようになっていくと、やがて製品は成熟期を迎えます。製品は市場に知れ渡り、特に同じ先進国においては、多くの人がその製品を手にすることが当たり前のことのようになります。この現象を**製品の標準化**といいます。製品が標準化をすると、企業はより多くの顧客に製品を届けなければならなくなるため、大量生産をして、コストをできるだけ下げることに注視していくようになります。製品を使う人が国内の顧客だけなら良いのですが、海外市場における顧客も視野に入れると、ライバル社が先に輸出という形で進出してしまった場合、大きな機会を逃してしまうことになりかねません。コスト面のリスクなど、あらゆる困難を想定したうえで、海外直接投資をした方が有利であると決断した当時のアメリカ企業は、ライバル社との競争優位に立つために輸出先の海外市場に生産拠点を置いたことから企業の多国籍化は始まりました。

実際に当時海外に生産拠点を置いたアメリカ企業は、本国からの輸出ではなく、現地生産拠点からの供給で現地国の需要を満たすようになり、また大量生産によって利益を出すことのできる企業などは、第三国への製品輸出や場合によっては本国への製品輸出も行えるようになったというメリットを生み出しています。

製品の標準化がさらに進むと、今度は第3段階の標準製品段階へと移っていきます。この段階になると、先進国だけでなく、中進国や新興工業国でも製品は使われるようになり、より世界的に標準化されたモノへと変わっていき

ます。この段階になると、市場においては価格競争が色濃くなっていきます。単なる大量生産だけではコストの削減に限界が出てくるため、今度は低賃金労働者を求めて、発展途上国へ生産拠点を移すことになっていきます。もちろん、発展途上国への進出にも人材（特に技術者）やエネルギーの不足といったリスクがあるため、熟練技術を必要とする製品や修理対応が必要な製品などは向きません。しかし、発展途上国特有の問題に左右をされない、高度に標準化された製品、つまりだれが作っても同じできばえになるような製品をもっていたアメリカ企業にとっては、豊富で安い労働力を確保できる発展途上国での生産は非常に魅力的でした。

　実際に発展途上国での生産は、現地国の需要を満たすだけでなく、安い労働賃金を活かして低コスト化に成功し、やがてその低コストを武器にして先進国にも輸出を行うようになり、ついには自国のアメリカにまで逆輸入を果たし、最終的にアメリカ国内での生産は終わり、一連のサイクルもこの段階で終結となります。

　また、本調査では、多国籍企業の経営における 3 つの特質性をも明らかにしました[8]。

① 多国籍企業は子会社を共通の支配関係のもとに統括している。
② 多国籍企業を構成する企業は商標や特許、情報とそのシステム、資金と信用などの経営諸資源を共通のプール[9]から引き出している。
③ 多国籍企業を構成する企業は、グループ企業全体の利益を増大し、リスク削減することを目的にした、共通の戦略を展開している。

　つまり、アメリカの多国籍企業の経営は、本国の親会社による海外子会社の一元的な支配が戦略的に展開されていたことをこれらの特質性は述べています。親会社は、グループ企業における海外子会社から得た経営成果や現地情報、技術や経営ノウハウなどをさらなる国際化に活用をしていたことが、アメリカ企業の多国籍化の成功の秘訣であることが読み取れます。

---

[8] 3つの特質性は、塩次喜代明・髙橋伸夫・小林敏男（2013）より引用。
[9] 多国籍企業が共有しているグループのヒト・モノ・カネ・情報といった資源の蓄え。

　もちろん、ヴァーノンの理論はアメリカ企業を対象とした研究をベースとしているため、さまざまな批判を受けました。また、今日のグローバル化社会は 1960 年代当時では想像もつかないほどに複雑化しているため、この理論の全てが当てはまるとは言い切れません。しかし、そうした懸念の部分を除いてしまえば、ヴァーノンの研究グループが提示した見方は現代の各国における海外直接投資においても頷ける部分は多々あり、私たちに国際経営を研究する際の分析の視点として数多くのヒントを与えてくれている点は大きく評価できるのではないでしょうか。

（2）ハイマー理論

　もう一人、なぜ企業が多国籍化するのかという問いに対して、理論的な解を提示したのがスティーブン・ハイマーです。

　ハイマーが考える企業の多国籍化の理由には大きく分けて 2 つあります[10]。1 つは競争の排除（紛争の排除）と、もう 1 つは優位性の活用です。競争の排除（紛争の排除）とは、異なる国において、それぞれに存在する企業が、お互いに国際市場において競争を行っている場合、何らかの形で企業間結託を行えば、その競争を無くすことができるという考え方です。そうすれば全体としての利潤、つまり結合利潤が高くなるという見解を示してしている点に特徴があります。この企業間結託の有効な方法の 1 つが、海外に出て子会社をつくる、あるいは買収をするなどをして、海外で経営支配をもつ拠点をつくる海外直接投資であるとしています。

　もう 1 つの優位性の活用とは、市場が不完全競争[11]の状態にある場合、ライセンシングといった技術供与の契約などを通して各企業が個別に利潤を追求するよりも、1 つの大きな企業の支配下で優位性を共同活用した方が結合利潤は高くなるという考え方です。ここで、ライセンシングでも、ライセンスをする側の企業が契約内容を厳しくして、より利潤を追求するといった方法も取

---

[10] スティーブン・ハイマー(宮崎訳、1976)参照。
[11] 完全競争が成立していない市場の状態を表す経済用語。例えば、現在の経済活動においては、商品を供給する業者の規模が大きいほど商品の価格や販売量を操作することが可能となるため、有利となることから、完全な競争状態にない。

ることができるのではないかと思いがちですが、これは反トラスト法に抵触
してしまうため、実は現実的ではありません。つまり、ブランド力や流通面な
どで強い企業は、多国籍化することで、そのブランドをより広く展開し、各地
に構築した流通網を駆使して、全世界に製品を届けることができるため、ラ
イセンス契約といった方法よりは、1つの組織として戦った方がグローバルに
優位に立てるというのがハイマーの主張です。

　ただし、この理論は不完全競争市場が大前提となっているため、グローバ
ル化が進んでいる現代においては、当てはまらないケースがあることも事実
です。しかし、市場が未熟であっても、人口が豊富で将来市場として有望な新
興国市場などに対して、先進国の巨大企業が先行的に投資を行うケースなど
においては示唆に富む理論であるといえます。

4.　グローバル経営における課題

　これまでみてきたように、企業の多国籍化には市場における優位性を追求
する企業のスタンスがあることがわかりました。しかし、グローバル化が深
化することによってグローバル経営は現地化の進展とともに経営のジレンマ
も顕在化し始めています。グローバル化社会における多国籍企業が抱える課
題として以下の4点が挙げられます。

① 多国にわたる経営管理

　多国籍企業がグローバル化社会で成長し続けるためには、企業としての一
体的な戦略を可能にする求心力が必要です。しかし、一方で進出先の市場に
おいて優位性を高めるには海外子会社の現地における最適化が重要となりま
す。全社的に最適業績を実現するためには、多国にわたる経営管理において、
矛盾するこの2つのマネジメントをいかにうまく相互作用させるかが肝要で
す。つまり、多国籍企業のマネジメントにおいては、常に相反する圧力が働い
ていると考えられます。1つは、効率性を高めるために、進出する複数の国の
間で共通性を追求しようとする**グローバル統合**の圧力と、もう1つは、進出
国間の異質性に着目し、各国の特性に適合しようとする**ローカル適合**の圧力

です。

　どちらの圧力が強いかは、進出国あるいは産業によって異なりますが、グローバル統合を重視する多国籍企業は、世界を 1 つの市場と見なし、各国に共通の製品を供給することで、生産や調達における規模の経済性を実現し、効率的な事業運営を目指すといった特徴があります。こうした特質性からグローバル企業と称されています。もう一方のローカル適合に重点を置く多国籍企業は、各進出国に権限を移譲し、経営資源を分散させる点に特徴があります。進出先市場のニーズを満たす製品が開発され、進出先の国に適したビジネスモデルが採用されることから**マルチナショナル企業**とよばれています。グローバル統合は効率性を追求する特性がある一方で、ローカル適合は柔軟性を追求するという特性があるため、双方はトレード・オフ的な関係性にあります。多国にわたる経営管理においてグローバル統合とローカル適合のバランスをどう取るのかは、多国籍企業にとっての大きな課題となっていくと考えられます。

② 現地の人事と登用

　海外子会社の現地化において最も難しいのが人事問題だといわれています。特に日本企業の現地子会社のトップは、親会社から派遣をされることがほとんどですので、現地採用の社員の昇進がたびたび問題視されます。ガラス天井という言葉がよく使われますが、もともとは組織内で昇進に値する人材が、性別や人種などを理由に低い地位に甘んじることを強いられている不当な状態を意味する言葉であり、海外子会社でも現地社員の処遇について似た状況が起きることが多く、長期労働として定着しないことなどが問題視されています。

③ 現地の政治経済との関係

　進出先が先進国であれば、さほど心配をすることはないですが、新興国や発展途上国の場合には、政治情勢が不安定な場合もあります。加えて、こうした国は、総じて国家を支配する政治的権力が強く、進出した外国企業への要求が非常に高い場合もあることを認識しておくことが大切です。

　また、現地の実体経済とインフラの状況の把握も重要です。進出後に状況が大きく後退する可能性もあるため、事前のリスクコントロールが重要です。

④ 現地の社会・文化への適応

　日本企業の海外進出において、よく経営の支障となるのが社内言語です。派遣された本社社員が現地語をマスターするには多くの年月を要しますし、現地社員全員に日本語を使わせるのにも限界があるため、社内公用語を英語にするという企業が数多くあります。英語の場合においても、双方にとって第二言語である場合が多いことから、英語圏の多国籍企業と比較して、コミュニケーションの難しさが浮き彫りになりやすいという難点があります。

　そして、言語と同じくらい難しいとされているのが宗教です。宗教は、その国や地域の人びとの生活から経済行動にまで影響を及ぼすため、宗教文化への理解は現地での事業を成功させるためには非常に重要です。同じように現地の社会習慣にも一定の理解を示す必要があります。

　このようにグローバル経営は、環境の変化への対応や現地における適応化が常に求められています。今後もグローバル化のさらなる進展とともに、地球規模の競争がより激しくなることが予想されます。こうしたメガ・コンベンションともよばれる大競争時代に多国籍企業が生き残りをかけて、どのような戦略を取っていくのか、今後も各企業の動向に目が離せません。

＜ ディスカッション課題 ＞

① パンデミックなどの外的要因が国際経営に与える影響について議論してみましょう。
② 日本企業が多国籍化をする場合、そのメリットとデメリットはどのような点が挙げられるでしょうか。ぜひ議論してみましょう。
③ 日本を代表する多国籍企業のなかでグローバル統合とローカル適合のそれぞれを重視している企業の事例を挙げてみましょう。

第7章　ダイバーシティ・マネジメント

◆◆ サマリー ◆◆

　近年、日本でもダイバーシティ・マネジメントという言葉が以前にも増して浸透するようになりましたが、一体どんなことを意味するのか、明確に説明するのはなかなか難しいと感じられる方が多いのではないでしょうか。

　本章では、少しでもそうした疑問が解決できるように、ダイバーシティが意味するところの多様性とは何か、そして、多様性とは具体的にどんな視点で捉えれば良いのかを日本企業の多国籍化と日本社会における労働力の変化から捉えたいと思います。ぜひ、日本企業におけるダイバーシティの推進にも注目をしながら、理解を深めていきましょう。

■ キーワード ■

ダイバーシティ・マネジメント　多様性　ポジティブ・アクション　人手不足倒産

1.　ダイバーシティ・マネジメントとは

　近年、**ダイバーシティ・マネジメント**という言葉が世の中に浸透し始めていますが、読者の皆さんは**ダイバーシティ**という言葉をどのような意味で捉えられているでしょうか。この言葉は、通常**多様性**と訳されますが、経営学の観点からは、組織における人材の多様性に着目した研究が徐々に増えています。こうした動きに併せて、組織内の多様性の必要性に着目をする企業が増えつつありますが、日本におけるダイバーシティ議論は女性の社会における

活躍推進に重きを置く傾向が強いのが特徴的です。HR (Human Resource の略、以下 HR という) ポータルサイト「日本の人事部」の正会員 4,620 社を対象に「ダイバーシティ推進施策として、どのようなことに取り組んでいるのか」を聞いたところ、82.1%の企業が「女性の活躍推進」を実施していると回答しており、この特徴が色濃く反映されています[1] (図表 7-1 参照)。

図表 7-1　企業におけるダイバーシティの推進施策

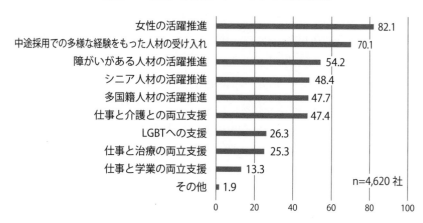

出典:『日本の人事部 人事白書 2020』日本の人事部

　ではダイバーシティとは、何を意味すると解釈するのが正しいのでしょうか。差し当たり「性別、年齢、人種、民族の違い」といった項目をあげるのが一般的な回答ではないかと思いますが、それだけを指すものと解釈するのは間違いであるとダイバーシティ・マネジメント研究の第一人者である谷口 (2008) は指摘をしています。谷口 (2005) によると、ダイバーシティ・マネジメントの考え方において「ダイバシティとは、個人の持つあらゆる属性の次元である」[2]と述べています。つまり、個人に関わる属性、例えば宗教や信

---

[1] HR ポータルサイト「日本の人事部」による調査。実施期間は、2020 年 3 月 16 日〜4 月 10 日。調査対象は、同ポータルサイトの正会員 4,620 社、4,783 人 (延べ人数)。
[2] 谷口 (2008)「組織におけるダイバシティ・マネジメント」p.69、l.4-5

条、国籍、出身地といったものから居住地、家族構成、受けた教育、所属組織、社会階級、身体的能力などというようなものまで、人が有するほとんどの属性がダイバーシティの次元の範疇であるとしています。そうであるならば、私たちが捉えるべきダイバーシティ・マネジメントの対象は目に見える表層的なものから、考え方といった目に見えない深層的なものまで包括的な範囲までを含める必要があるということです。しかし、経営の現場において、どこまでこの範疇を網羅できるかは、実際のところ組織によって異なりますし、ダイバーシティの推進自体を実施することが難しい企業も存在します。先述のHRポータルサイト「日本の人事部」の同調査によると、実際にダイバーシティ推進に取り組んでいる企業は5割を割っており、取り組み予定がないと回答する企業も約2割存在しています。

図表 7-2　ダイバーシティ推進の取り組みの有無

約半数の企業がダイバーシティを推進

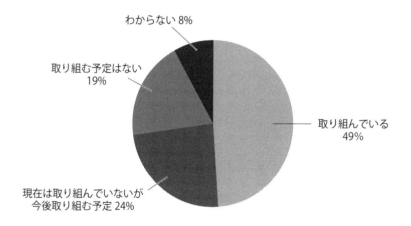

出典：『日本の人事部 人事白書 2020』日本の人事部 HR ポータルサイト（株)HR ビジョン

　日本は世界でも有数の経済先進国ですが、経営組織における多様性の推進に関しては、他の経済先進国と比較してかなり出遅れている状況にあるといえます。その理由として、国内における外国人労働者の数が他の主要国と比

較するとかなり少ない[3]という点と、伝統的な父系社会がまだ固定観念として社会に色濃く反映されているという点があげられます。

　ダイバーシティ・マネジメント先進国のアメリカでは、1960 年代よりマイノリティや女性の雇用機会均等を促進する雇用機会均等法委員会を設立し、人種や肌の色、宗教、出身地による差別の撤廃に取り組んできました。一方で、日本において雇用機会均等の議論がされるようになったのは、アメリカに遅れること約 20 年、1980 年代に入ってからです。日本の場合、アメリカと大きく異なるのは、ダイバーシティ・マネジメントの観点から多様性を受け入れるといった議論ではなく、女性の地位向上に焦点が当てられている点が特徴的です。

　日本において、女性を男性と均等に扱うことを法的に決めたのは、1986 年の男女雇用機会均等法の施行が第一歩となります。具体的には、募集・採用・配置・昇進に関して、女性を男性と差別なく扱うことを企業の努力義務とし、教育訓練、福利厚生、定年や解雇についても女性であることを理由とした差別を法的に禁止したという点は、大きな前進であったといえます。同法令は1997 年に改正され、事業主が雇用において男女の均等な機会や処遇の確保の支障となっている事情を改善することを目的として、一定の措置を講じる、または講じようとする場合、当該事業主に対し国が援助できるようになり、さらに一歩前進しました。そして、直近の 2007 年の改正では、性別による差別の範囲が拡大され、禁止される差別が明確化し、**間接差別**[4]も禁止されるようになりました。加えて、2014 年の改正では、さらに間接差別の範囲が拡大し、これまで「総合職の労働者を募集、採用する際に、合理的な理由がないに

---

[3] JETRO の調査によると、2017 年現在における総人口に占める在留外国人比率は、ドイツ12.2%、フランス 9.5%、イギリス 9.2%、スペイン 7.1%、アメリカ 6.9%のところ、日本は1.9%にとどまる。

[4] 性別以外の事由を要件とする措置であって、他の性の構成員と比較して、一方の性の構成員に相当程度の不利益を与えるものとして省令で定めている措置（※ 以下の①〜③）を、合理的な理由なく、講じることをいう。①労働者の募集または採用に当たって、労働者の身長、体重または体力を要件とするもの ②コース別雇用管理における「総合職」の労働者の募集または採用に当たって、転居を伴う転勤に応じることができること（「転勤要件」）を要件とするもの ③労働者の昇進に当たって、転勤の経験があることを要件とするもの（出典：厚生労働省）

も関わらず転勤要件を設けることは、間接差別として禁止する」から「全ての労働者の募集、採用、昇進、職種の変更をする際に、合理的な理由がないにも関わらず転勤要件を設けることは、間接差別として禁止」することとなりました[5]。

一方、企業によるダイバーシティ・マネジメントに関わる取り組みは、1990年代後半になってからやっと開始されました。日本で最初に女性の活用に対して**ポジティブ・アクション**[6]と銘打って活動を始めたのは、外資系企業の日本テキサス・インスツルメンツでした。同社は、当時10%であった女性管理職の比率を1999年末までに15%に引き上げる目標を設定し、その目標を達成するために女性のキャリア研修プランや女性リーダーの養成研修を実施しました。その後、女性によるポジティブ・アクション推進のためのチームを組織したことで話題を呼びました[7]。

こうした動きは徐々に広まっていきましたが、日本企業が本格的にポジティブ・アクションに取り組むのは2000年代に入ってからでした。パナソニック（当時、松下電器産業）の「女性かがやき本部」（2001年創設、2004年に「女性躍進本部」に改名）[8]をはじめとし、次々と代表的な日本企業がポジティブ・アクションの推進に着手をしていきました。しかし、それでも日本企業のダイバーシティの推進施策は、女性の活躍推進の域を超えるものではありませんでした。

---

5) 平成26年7月1日改正「男女雇用機会均等法施行規則」による。
6) 一般的には、社会的・構造的な差別によって不利益を被っている者に対して、一定の範囲で特別の機会を提供することなどにより、実質的な機会均等を実現することを目的として講じる暫定的な措置のことを指す。日本では、主として女性を始めとする多様な人々が参画する機会を確保する手法のことをいう。
7)「日本経済新聞」1999年5月10日、夕刊、p.15より。
8)「e-workの取組みについて」2007年9月13日、松下電器産業㈱（現パナソニック）p.2より。

2. 海外直接投資の増加と企業の多国籍化

　日本の企業がダイバーシティ・マネジメントを本格的に意識するようにな
った大きなきっかけは、バブル経済の崩壊です。国内市場が急激に冷え込み、
加えて円高が加速的に進んだことから、輸出が振るわなくなったため、多く
の企業が自国の外に市場や生産拠点を求め、海外投資が急増していきました。
図表 7-3「日本の対内・対外直接投資の推移」を見ると、バブル崩壊後の 1990
年代後半は、日本の対内投資と対外投資は大きな差が見られませんでしたが、
国内市場の冷え込みが一層厳しくなった 2000 年代になると加速度的に海外投
資が増えていったのがわかります。

図表 7-3　日本の対内・対外直接投資の推移

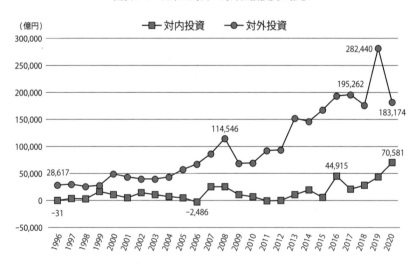

出典：財務省　国際収支状況（対外・対内直接投資）をもとに筆者作成

　その結果、企業の多国籍化が進み、必然的に組織人材が多様化していきま
した。図表 7-4 にある「外国人雇用状況の届出状況」[9] の推移を見ると外国人

---

[9] 外国人雇用状況の届出は、外国人を雇用する全ての事業所を対象に、平成 19 年 10 月 1 日
より届出が義務化された。各年の数値は、10 月末現在の数値。

を雇用する事業所の数は年々増加し、2008年から2020年の間、年率10.9%の伸び率で外国人を雇用する事業所が増加しています。また、外国人の雇用形態が2008年時点では直接雇用が66.4%、派遣・請負が33.6%でしたが、2020年になると直接雇用が79.2%と約8割を占めるようになりました。

　こうした動きを受けて、2000年に日本経営者団体連盟（以下、日経連という）において「日経連ダイバーシティ・ワールド研究会」が設立され、日本において従業員の多様性をどのように活かすべきかを議論する場が設けられるようになりました。

図表 7-4　外国人雇用状況の届出状況

出典：厚生労働省「外国人雇用状況の届出状況」をもとに筆者作成

3. 日本における労働市場の変化

　企業組織の多国籍化が進む一方で、日本における労働市場の変化もダイバーシティ・マネジメントの必要性を後押しする要因となりました。

　日本では、社会問題として顕在化をし始めた少子高齢化が労働力の減少と

いう難題をもたらすようになり、特にサービス業界や建設業界における人手不足が、惜しくも長きにわたるデフレから脱却をし始めた 2013 年あたりから目立つようになりました。従業員不足による収益悪化をきたす企業が増え、やがて**人手不足倒産**[10]を招き、その件数が年々増加していきました。その数は、統計を取り始めた年から 6 年連続で最多を更新し続け、2019 年には 194 件を記録しました[11]。

　こうした構造的な労働力不足を背景に、2018 年 4 月より働き方改革関連法が施行され、大手企業を中心に多様な働き方や働きやすい環境づくりに力を入れる企業が増えたことから、30 代・40 代の女性や定年退職後のシニア層の再雇用などが近年では増加傾向にあります。しかし、その一方で加熱する人材獲得競争から置き去りにされてしまう小規模企業を中心に、採用難に陥ってしまったり、採用をしても人がすぐにやめてしまったりなど、労働力の確保が困難となり、人手不足倒産に追い込まれるケースが目立っていきました。

　こうした事態を打開しようと政府が打ち出した施策は、新たな外国人労働者層の獲得です。特に人手不足が深刻化している業界における労働力不足の状況を試算し、2018 年 12 月 8 日の国会にて介護や農業、建設、宿泊、介護などの 14 業種[12]において、向こう 5 年間で上限合計 34 万 5,150 名の外国人労働者の受け入れを拡大する改正出入国管理法を成立させ、新たな在留資格として「特定技能」を設置することとなりました。この資格による外国人労働者の受け入れは、2019 年 4 月 1 日より開始しています。業界からは慢性的な労働力不足の解消につながるとの期待もあり、該当する 14 業種においては、組織人材の多様化がさらに進むことが予測されます。

---

[10] 従業員不足による収益悪化などが要因となった倒産（個人事業を含む、負債 1000 万円以上、法的整理の実施）を「人手不足倒産」と定義。（出典：帝国データバンク）

[11] 『特別企画：「人手不足倒産」の動向調査（2019 年度）』2020 年 4 月 7 日、帝国データバンクの調査による。

[12] 14 業種とは、介護、ビルクリーニング、素形材産業、産業機械製造業、電気・電子情報関連産業、建設、造船・舶用工業、自動車整備、航空、宿泊、農業、漁業、飲料食品製造業、外食業の各業種を指す。

4. 多様性を競争優位の源泉に

　こうした社会的変化が、日本における各企業の職場におけるダイバーシティ・マネジメントにも影響をし始めているのは言うまでもありません。先に述べたように、他の主要国と比較して、日本は総人口に占める在留外国人の数の割合が少ないことから、これまではダイバーシティ推進について、多様性の観点からの議論に注力をしてこなかった企業が多かったと考えられます。しかし、社会が大きく多様な人材を活用する方向へと向かっている現在、むしろ、グローバル競争環境下で勝ち抜く価値を創り出す人材を確保していくことに方向転換をしていくことが重要ではないでしょうか。

　経済産業省も日本企業の経営力と国際競争力を高めるためには、より戦略的なダイバーシティ・マネジメントが必要であるとし、「ダイバーシティ 2.0」を推進しています。具体的な施策として、2017 年 3 月に「ダイバーシティ 2.0 行動ガイドライン」を制定し、「実践のための 7 つのアクション」を指針として提示し、経営におけるダイバーシティの実践を各企業に推奨しています（図表 7-5 参照）。

　このガイドラインにおいて非常に印象的なのは、冒頭に次の文章が書かれていることです。

　　「ダイバーシティ 2.0」は、一朝一夕には実現できず、手をこまねている余裕はない。女性活躍も未だ道半ばであり、もはや「ダイバーシティは本当に必要なのか」という議論に時間を費やすのではなく、一刻も早く具体的な行動を起こし、実践フェーズへと移行すべきである。こうした強い問題意識から、各企業が直面する経営課題や、取組の実施を阻むボトルネックを解消するために、取るべきアクションを「行動ガイドライン」として提示する。
　　各企業において、本ガイドラインで提示した「アクション」や「具体的な取組事例」を参照しながら、経営トップの強いリーダーシップにより、それぞれの経営戦略に沿った具体的な行動を粘り強く実行し続けることを期待する。これにより、多くの企業がダイバーシティを通じて経営力を高め、人材戦略の変革にもつなげることで、産業界全体における大きな流れとなることを期待したい。

出典：「ダイバーシティ 2.0 行動ガイドライン」p.3 より引用

　この文章からは、政府としての構造的な労働力不足への危機感と国際的な労働人材確保の重要性を企業に訴えかける姿勢が強く伝わってきます。

図表 7-5　ダイバーシティ 2.0 行動ガイドライン実践のための 7 つのアクション

①経営戦略への組み込み
◆　経営トップが、ダイバーシティが経営戦略に不可欠であること（ダイバーシティ・ポリシー）を明確にし、KPI・ロードマップを策定するとともに、自らの責任で取り組みをリードする。

②推進体制の構築
◆　ダイバーシティの取り組みを全社的・継続的に進めるために、推進体制を構築し、経営トップが実行に責任をもつ。

③ガバナンスの改革
◆　構成員のジェンダーや国際性の面を含む多様性の確保により取締役会の監督機能を高め、取締役会がダイバーシティ経営の取り組みを適切に監督する。

④全社的な環境・ルールの整備
◆　属性に関わらず活躍できる人事制度の見直し、働き方改革を実行する。

⑤管理職の行動・意識改革
◆　従業員の多様性を活かせるマネージャーを育成する。

⑥従業員の行動・意識改革
◆　多様なキャリアパスを構築し、従業員一人ひとりが自律的に行動できるよう、キャリアオーナーシップを育成する。

⑦労働市場・資本市場への情報開示と対話
◆　一貫した人材戦略を策定・実行し、その内容・成果を効果的に労働市場に発信する。
◆　投資家に対して企業価値向上に繋がるダイバーシティの方針・取り組みを適切な媒体を通じ積極的に発信し、対話を行う。

出典：「ダイバーシティ 2.0 行動ガイドライン」経済産業省　2017 年 3 月（2018 年 6 月改訂）より転載

　同ガイドラインで重要なのは、ダイバーシティ・マネジメントを経営戦略の 1 つに位置づけている点です。多様性の優位性を見出し、それを組織経営の重要課題としてトップが率先して取り組みをリードしていくと明示している点は、日本のダイバーシティ推進の取り組みにおいて、大きな前進といえます。また、同ガイドラインは最近のグローバル化の深化、変化する社会情勢と経営環境に適合できるよう 2018 年 6 月に重要な改訂を行っています。1 つは、①の経営戦略への取り組みにおける「KPI[13]・ロードマップの策定」において、2017 年版では女性管理職の比率についてのみ述べていたところ、改訂版では女性の他に「国際人材（外国人や、海外にて相当程度の長期間にわたる豊富な実務経験と顕著な業績を有する者）」をつけ加えた点です。また、もう 1 つは③のガバナンスの改革における「取締役会の監督機能向上」において、2017 年版では「取締役会の構成を見直し、構成員の多様性を確保する」としていたところ、改訂版では後半部分を「構成員のジェンダーや国際性の面を含む多様性を確保する」に書き換えている点です。つまり、経済産業省が提示するガイドラインにおいても、組織における国際性や外国人労働者を意識した改訂がなされている部分にダイバーシティ・マネジメントの変容が映し出されているといえます。

　他方で、2020 年に世界を震撼させた新型コロナウィルス感染の拡大も、ダイバーシティ・マネジメントのあり方に大きな影響を与えたといえます。パンデミック前の私たちの働き方は、一般的にはオフィスに朝の決まった時間に出勤し、決められた自身の机に向かって仕事をしたり、対面で顧客と商談をしたり、会議室に集まって会議を行うといった仕事の仕方が当たり前のように行われていました。しかし、コロナ禍においては世界中の主要都市がロックダウン、または緊急事態宣言下に置かれ、私たちがこれまで培ってきたワークスタイルが一瞬のうちに機能不全に陥ってしまいました。

　しかし、少し見方を変えると、これまで固定概念に縛られていた私たちの働き方に新たな可能性を提示したきっかけにもなったと捉えることも可能で

---

[13] KPI とは「Key Performance Indicator」の略語である。組織の目的を達成するための「重要業績評価指標」を意味する。

はないでしょうか。コロナ禍において、私たちは行動を制限されたことにより、在宅のままでも、あるいは極端ではありますが、人里離れた場所でも、IT技術を駆使してコミュニケーションを取り、遠隔会議を行い、仕事をこなしてきました。ある意味、これまでにない新たな仕事の仕方を発見できたといっても良いのではないでしょうか。

　パンデミックという未曽有の経験を通して、人々は自分自身に合った働き方を発見、または再確認できたのではないかと思います。この経験を通して、人々は企業がどのような働き方の多様性を提示してくれるのかに対して、以前にも増して注目をするようになるため、企業もダイバーシティ推進の一環として戦略的に働き方改革に取り組む必要性が増してくると考えられます。多様な働き方を推進できるということは、多様な人材を有効に活用できることにもつながるため、ダイバーシティ・マネジメントの重要な要素となることが予想されます。

　多様性を単に追求するのではなく、それぞれの企業にとってどんなダイバーシティ推進施策を実施すれば、組織にとっての成果につながるのか、その関係性を明らかにし、実施していくことが競争優位の源泉につながっていくと考えられます。また、実施した施策が効果的だったのか、そうでない場合は、何が問題だったのか、PDCA サイクルを実践しながら継続していくことが重要であり、企業の経営力を高めることにつながります。多くの企業がダイバーシティの推進を通じて経営力を高め、競争優位の源泉とすることで産業界全体における活力につなげられることにおおいに期待したいと思います。

< ディスカッション課題 >

① 企業における人材「多様性」を考える場合、具体的にどんな項目を検討す
べきだと考えますか。あなたの考えを教えてください。

② 日本におけるダイバーシティ推進は、女性の活躍推進を中心としてきまし
たが、それ以外でもっと取り組んだ方が良い分野をぜひあげてみましょう。

③ 新型コロナウィルス感染の拡大によって、世の中における働き方が大きく
変化しました。皆さんはどのように変化して、今後どうあるべきだと考え
ますか。ダイバーシティ・マネジメントの観点から議論してみましょう。

第8章　人的資源管理

◆◆ サマリー ◆◆

　企業の経営資源を構成する「ヒト」「モノ」「カネ」「情報」などのうち、「ヒト」は他の経営資源を動かす主体です。経営資源を有効に活用し、付加価値の高い製品やサービスを創出することができるのは「ヒト」です。それではヒトを「管理する」とは具体的にどのようなことなのでしょうか。本章では人的資源管理の考え方や、人的資源管理の活動領域および職業能力評価基準について解説します。働く個人と経営組織双方の視点から、「ヒト」をマネジメントするうえでの効果的な活動や仕組みを考えながら学習を進めましょう。

■ キーワード ■

人的資源管理　人的資源管理の活動領域　職業能力評価基準

1. ヒトに関するマネジメント（経営管理）を考える

　「ヒト」を企業の持続的競争優位を生み出す重要な資源として捉え、ヒトに関するマネジメント（経営管理）を担うのが**人的資源管理**です。人的資源管理は、1970年代頃までは**人事管理**あるいは**人事労務管理**とよばれていました。名称が変更された背景には、以前は「ヒト（労働者）」が「原材料や機械などと同じ生産要素の1つ」として見なされていましたが、その後、「ヒト（労働者）」が、「企業業績向上に貢献する価値ある人的資産である」と認識されるようになったという労働者観の変化があります。

　人的資源管理の対象となる「ヒト」は、他の経営資源とは違い感情や欲求、

意思、能力をもっています。自ら行動し、意欲・能力を向上させることによっ
て企業組織の目的を達成するために、より大きな貢献をするようになる可能
性を秘めています。ここでは、人的資源管理を「企業組織の目的を達成するた
めに、そこで働く人々（人的資源・人材）を動かしていくための仕組みや一連
の活動」として捉えることとします。人的資源管理の土台となる考え方（基礎
理論）は、大きく次の3つに整理することができます（図表8-1参照）。

図表8-1　人的資源管理の基礎理論

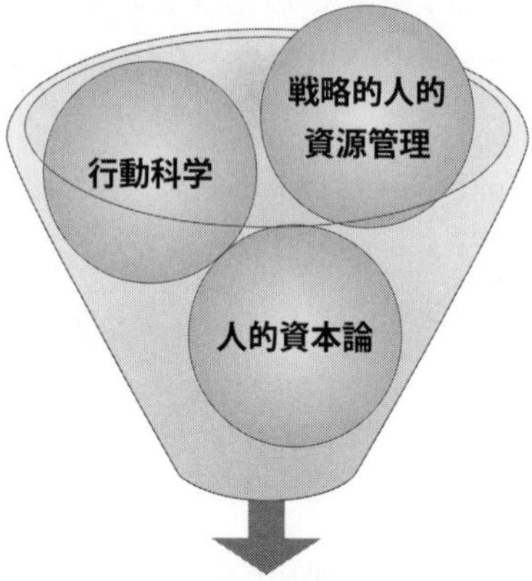

出典：筆者作成

　1つ目は、働く人々（人的資源）に「教育・訓練や能力開発などの投資」を
して、その生産能力を高めることが組織の業績や収益を高めるという**人的資
本論**に基づく考え方です。**人的資本**とは、働くための能力を意味します。これ
は、働く人の先天的な能力と後天的に獲得した知識や技能の総計で構成され
ます。人的資本論は1960年代以降に発展した労働経済学（経済学の視点から
労働市場を研究する学問）の一領域です。この理論では、「一国の経済成長、
国民所得は、その一国の人的資源に投資して生産能力を高めることによって
増大させることができる」と想定します。つまり人的資本論によると、企業の

人的資源管理においては、教育訓練や能力開発への投資によって、人的資源の生産能力としての価値を高めることが重要であり、高まった価値（＝生産能力）を通じて将来的に企業に利益がもたらされると考えます。

　2つ目は、働く人の「欲求を充足させ、仕事へのモチベーションを高める」ことによって組織の生産性を高めるという**行動科学**に基づく考え方です。行動科学とは、社会学、心理学、文化人類学、政治学、法学、経済学、経営学、教育学などの異なる学問領域からなり、人間行動や集団行動を研究対象とします。1960年代の行動科学の研究成果（人的資源理論）によって、「人間は、成長、達成への無限の能力をもっている、成長欲求や自己の潜在能力を最大限発揮させたいとする自己実現欲求をもつ存在である」と考えられるようになりました。加えて1970年代には、生活の質を単に物理的豊かさや量的側面から捉えるのでなく、生活の快適性や幸福感などの心の豊かさにも関心が向けられるようになり、「労働生活の質（Quality of Working Life）」の向上が重視されるようになりました。このような行動科学の考え方を人的資源管理に適用すると、働く人の能力的成長と同時に「職務満足（自分の仕事への満足感）」の充足を通じて、働く人のモチベーションを向上させる施策が重要になります。

　3つ目に、企業の戦略にそって人的資源管理の施策を柔軟に統合していくことを重視する**戦略的人的資源管理**の考え方です。戦略的人的資源管理には、経営戦略と人的資源管理活動を直結させることによって、企業全体の競争力や業績向上をめざすという特徴があります（図表8-2参照）。企業を取り巻く環境が目まぐるしく変化する昨今、環境変化に対応した戦略と人的資源管理活動を一貫させた管理手法が必要となり、1980年代から現在に至るまで学術的にも実務的にも重要視されています。

図表8-2 戦略的人的資源管理の考え方

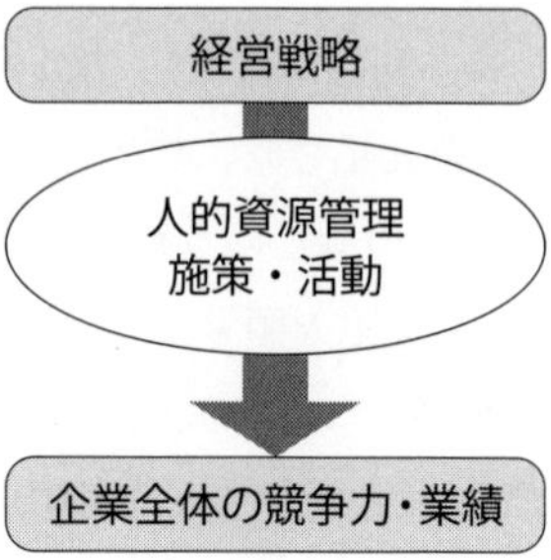

経営戦略

人的資源管理
施策・活動

企業全体の競争力・業績

出典：筆者作成

この3つの考え方を基本として人的資源管理の施策や制度が構築されています。日本の企業では、次に示す「企業に働く人の5つの側面」を考慮して職務にあたることが実践的視点として重要だと指摘されています（桐村、2008）。

① 社員は企業の一員であるとともに、仕事を通じて社会に貢献する社会の一員であるということ。

② 社員は企業からみると、生産の重要な要素である労働力の提供者であるということ。企業としては社員の能力を十分に発揮させる施策が必要である。

③ 社員は、労働の対価として賃金を得て、自分と家族の生活を維持する生活者であるということ。よりよい労働条件が労働意欲を促進する。

④ 社員は職場では、複数の人と協力しながら企業目標の達成に努力する組織の一員であるということ。職場の人間関係のなかで個性や感情をもっている社会的存在である。

⑤ 社員は、労使関係の一方である労働組合（あるいは経営側）の一員であるということ。人事・労務方針によって労使関係の安定と発展を図ることが肝要である。

以上をふまえて、人的資源管理を担う立場の者は、組織の目標を達成するために働く環境を整備し、組織のメンバーおよび組織集団の能力向上と能力

の発揮、労使関係の安定、組織の存続・発展を図ることが求められます。

2. 人的資源管理の活動領域

　人的資源管理の活動には、制度として決められているもの(人的資源管理制度、人事制度等)と、制度化・明文化されていない活動があります。後者には慣行として実施されたり、状況に応じて随時行われたりする活動も含まれます。ここでは人的資源管理の代表的な5つの領域「雇用の管理、能力開発・教育訓練の管理、人事評価の管理、報酬の管理、労使関係の管理」について説明します。

（1）雇用の管理

　雇用の管理とは、人的資源を活用するために人材を採用し、職場に配置し、適正数の人材を企業内に留めるために雇用の調整をはかることをいいます。人が就職活動をして志望する会社に採用されてから、職場への配置や異動を経て、退職するまでの職業生活の視点から雇用の管理を捉えると図表 8-3 のように**採用管理、配置・異動管理、雇用調整・退職管理**の流れになります。人的資源を活用するためのスタートとなる採用管理は企業の人的資源の質と量を規定するために非常に重要です。採用活動の事前には、自社の経営戦略を実行することができる人材像（能力・スキル・行動特性・資質など）を明確化しておくことが不可欠となります。

　採用選考において、企業が応募者に求める能力や特性のことを**人材要件**とよびます。人材の募集と選考に際しては、人材要件を決定したうえで採用の対象者（正社員／非正規社員、新卒採用／中途採用）、人数、採用時期、募集と選考の方法を決定します。

　日本では学校を卒業する見込みの者を年1回4月に一括して採用する**新卒一括採用方式**がいまだ多くの企業で慣行として残っています。新卒一括採用では、採用時には採用後に担当する業務が明確化されていないことが多く、また採用後に人事異動によって仕事内容が変わることも少なくありません。採用時には、企業組織の価値観、経営方針を受け入れられそうであることが

重視され、これから成長しそうな人材であるという可能性を見込んで採用されることになります。

図表 8-3　働く人の職業生活と雇用管理の流れ

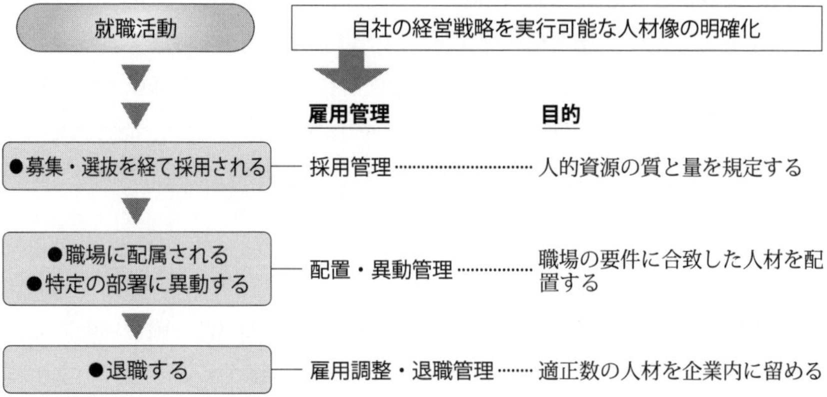

出典：筆者作成

　新卒一括採用のメリットには、①募集選考や教育訓練等を計画的・効率的に行うことができる、②実務に直結したスキルのない新卒者であっても就職することが可能なしくみとなっているなどがあります。一方、デメリットには、①学校卒業時に希望に即した就職ができなかった者にとって就職機会が制約されがちである、②中高年の転職には不利な制度であることなどがあげられます（厚生労働省、2020a）。

　新規学卒者についてはおおむね中卒者の 7 割、高卒者の 5 割、大卒者の 3 割が 3 年以内に離職してしまう **7・5・3 現象**が依然として問題となっています。厚生労働省（2020b）が公表した「新規学卒就職者の離職状況（平成 29 年 3 月卒業者の状況）」によると、新規学卒就職者の就職後 3 年以内離職率は、中卒就職者 59.8%（前年比減▲2.6P）、高卒就職者 39.5%（前年比増＋0.3P）、短大卒就職者 43.0%（前年比増＋1.0P）、大卒就職者 32.8%（前年比増＋0.8P）となっており、傾向としてここ数年は大きな変動が見られないことが報

告されています。就職後 3 年以内離職率に影響を及ぼす要因の 1 つとして卒業時の就職環境が厳しかった年（景気が悪い年）は、不本意入社する学卒者が増え、離職率が高くなる傾向があることが指摘されています。このようなミスマッチを防ぐため、企業によっては採用後に携わる仕事の情報提供や、仕事のプラス面だけでなくマイナス面についても情報提供するなどの工夫がなされています。

（2）能力開発・教育訓練の管理

　社員の育成と能力開発のために新入社員研修、階層別研修、管理者訓練、経営者教育などのさまざまな**教育訓練**と**研修**を行います。教育訓練には、職場で仕事経験を積むことによって能力を開発していく **OJT**（On the Job Training）、職場、仕事を離れたところで実施される研修などの **Off-JT**（Off the Job Training）、社員が自発的に知識やスキルの獲得のため訓練を受ける**自己啓発**があります。以下では、能力開発・教育訓練に関わる用語について厚生労働省「**能力開発基本調査**」に沿って解説します。

　教育訓練の実行にはさまざまな費用がかかります。また**教育訓練休暇**や**教育訓練短時間勤務**（図表 8-4 参照）などによって、訓練を受ける社員が職場の業務を遂行できないことから生じる損失なども発生します。したがってこのような費用や損失を上回る成果を得るために、能力開発・教育訓練担当者は能力開発や教育研修計画および予算計画を立てる必要があります。

　具体的には①企業組織の目的を達成するために必要な知識や技能を確認する、②能力開発・教育訓練の必要性を検討して指導目標や学習目標を決定する、③能力開発・教育訓練の学習目標達成のための環境を整備する（社内への教育研修情報の提供、研修講師や研修施設の手配、教育研修教材の作成・準備、課題へのフィードバック等）、④教育研修効果を検証し、必要があれば改善施策を講じるという一連のマネジメントが求められます。

図表 8-4　能力開発・教育訓練に関わる用語

用語	説明
ＯＪＴ	日常の業務に就きながら行われる教育訓練のこと。直接の上司が、業務の中で作業方法等について、部下に指導すること。
Ｏｆｆ−ＪＴ	業務命令に基づき、通常の仕事を一時的に離れて行う教育訓練（研修）のこと。例えば、社内で実施する教育訓練（労働者を１か所に集合させて実施する集合訓練など）や、社外で実施する教育訓練（業界団体や民間の教育訓練機関など社外の教育訓練機関が実施する教育訓練に労働者を派遣すること）を含む。
自己啓発	労働者が職業に関する能力を自発的に開発し、向上させるための活動のこと（職業に関係ない趣味、娯楽、スポーツ健康増進等は含まない）。
事業内職業能力開発計画	事業主が、雇用する労働者の職業能力の開発及び向上が段階的かつ体系的に行われることを促進するために作成する計画のこと。
教育訓練休暇	職業人としての資質の向上や、職業に関する教育訓練を受ける労働者に対して与えられる休暇のこと。有給であるか無給であるかは問わない（有給の場合は、労働基準法（昭和 22 年法律第 49 号）第 39 条の規定による年次有給休暇として与えられるものは除く）。
教育訓練短時間勤務	職業人としての資質の向上に関する教育訓練を受ける労働者が活用することのできる短時間勤務（所定労働時間の短縮措置）のこと。

出典：厚生労働省「能力開発基本調査」を参考に作成

（3）人事評価の管理

　従業員個々の日頃の勤務、実績を把握したうえで、どの程度企業に貢献しているのかを評価し、評価によって昇給・賞与、昇格・昇進、配置・異動を決定します。また、**人事評価**に基づいて、個々の従業員への教育訓練・能力開発について判断する場合もあります。評価は従業員のモチベーションや満足度に大きく影響するため、１人１人が納得できるような公正・公平で、客観性、透明性のある評価制度の設計が求められます。人事評価制度の設計は、①評価の対象・基準（何を評価するのか）、②評価方法（誰が、いつ、どのように評価するのか）、③評価結果の活用（何のために、どのように活用するのか）という流れで構成されます。人事評価の設計に際しては、図表 8-5 のような原則があります。

　日本企業では直属の上司が部下の日常の働きぶりを通して評価する方法
（人事考課）が中心となっています。評価項目には**成果評価**（業績に関わる目
標達成度）、**行動評価**（成果を出すためにとった具体的な行動内容）、情意評価
（勤務に対する意欲、姿勢）、**能力評価**（職務上必要とされる専門知識・業務
知識や、企画力・折衝力・指導力などの職務遂行能力）などがあります。近年、
経営戦略に合わせた人事評価制度を用いることが、企業業績にプラスの影響
を及ぼすことが報告されており、評価の内容、評価期間にはいくつかの組み
合わせがあると考えられています（白木、2019）。

　例えば、中長期的な成長を目指す戦略の場合には、従業員に対してさまざ
ま能力開発やスキルの向上が求められ、それらがどの程度習得できたかを測
定する能力評価、行動評価を用いるのが適しているとされます。他方、短期の
業績向上を目指す戦略では成果評価を用いる方が達成を促進しやすいと考え
られています。

図表 8-5　人事評価の原則

人事評価の原則	内容
評価基準に関する公平性の原則	企業が求める人材像に近い従業員を高く評価すべきである。評価基準は求める人材像および経営目的からみて合理的であり、従業員からみても納得のできる基準でなければならない。
評価測定に関する公平性の原則	設定された基準に基づいて全ての従業員を公平に評価することが必要である。
客観性の原則	評価者は評価基準に基づいて従業員のことを正確に把握し評価する必要がある。
評価手続きに関する透明性の原則	評価の基準、手続き、結果を被評価者に公開することによって、従業員の評価に対する納得感を高める必要がある。

出典：今野（2020）を参考に作成

（4）報酬の管理

　賃金に関わる実務、人件費総額の把握、他社の賃金相場の把握、間接給付や
福利厚生に関する計画などを行います。**報酬管理**は人事評価の管理とともに
社員のモチベーションや満足度に影響を及ぼす施策です。社員は労働の対価

として、毎月の給与や、賞与（ボーナス）、退職金などの報酬を得て、それらが生活の基盤になります。報酬の配分に不公平がないように、全体として納得できる報酬制度を構築し、運用される必要があります。

近年では、**金銭的報酬**だけでなく、承認や成長の機会、ワーク・ライフ・バランス支援、健康管理サービスなどの**非金銭的報酬**をも考慮に入れた賃金マネジメントの必要性が議論されています。このような金銭的報酬と非金銭的報酬を包括する報酬体系を**トータル・リワード**と呼びます。トータル・リワードはさまざまな報酬を組み合わせることで働く人のモチベーションを引き出そうとする報酬概念です。報酬を区分する考え方は上記の金銭的報酬と非金銭的報酬以外にもいくつか提唱されています。**直接的報酬**（直接金銭で支払われる）と**間接的報酬**（健康管理サービス等の諸給付や承認といった形で間接的に付与される）、**外的報酬**（賃金・ボーナス・昇給・昇格・昇進等）と**内的報酬**（仕事のやりがい、成長、達成等）などの区分があります。これらはいずれも、各種の報酬と働く人の職務満足を考慮したトータルな報酬によるマネジメントだといえます。

（5）労使関係の管理

労使関係とは、労働者（その代表である労働組合）と使用者である経営者との関係のことです。使用者と労働者は利害関係が異なることが通常です。使用者は労働者に支払う賃金（人件費）を最小限に抑え、企業全体の利益の最大化を図ろうとします。一方、労働者にとって賃金は生活を支える源であり、一般的には企業全体の利益より自分に支払われる賃金に関心が高く、労働の対価として最大限の賃金を得ようとします。このようなことから両者には対立関係が生じがちなので、協調的な労使関係を築くために人的資源管理施策が必要になります。労使関係の管理活動として、**労働組合**との交渉や協議を通して、使用者と労働組合間の労働条件を決めるためのルール（労使関係制度）を設定し運用します（労働者個々人は、使用者に対して弱い立場にあります。使用者と対等な立場での話し合いをするために労働者が団結して労働組合を結成します。つまり労働組合は労働者側の当事者となります）。

労働組合との交渉や協議、制度の創設には、労働者の権利、労働者を守るた

めの法的枠組みがあります。労働者には**労働基本権**（団結する権利及び団体
交渉その他団体行動をする権利）と、それに基づく**労働三権**（団結権・団体交
渉権・団体行動権）が保証されています。また**労働三法**（労働基準法、労働組
合法、労働関係調整法）によって労働者は守られています。労使関係管理担当
者は、このような法令に沿った対応が求められます。

　2019年4月から「働き方改革を推進するための関係法律の整備に関する法
律（**働き方改革関連法**）による改正後の労働基準法が順次施行されました。働
き方改革関連法の趣旨や内容を踏まえ、長時間労働の抑制等に向けた労使間
の話し合い、調整が課題となっています。

3. 職業能力評価基準から見た人的資源管理の仕事と求められる能力

　企業で人的資源管理を担当するのは、主として本社人事部などの部署や各
部門の管理者です。ここでは厚生労働省「**職業能力評価基準**」に照らして「人
事・人材開発・労務管理職種」の職務区分ごとに、具体的な仕事内容と最近の
動向、求められる能力をみてみましょう。職業能力評価基準とは、仕事をこな
すために必要な「知識」と「技術・技能」に加えて、「成果につながる職務行
動例・職務遂行能力」を、業種別、職種別、職務別に整理したものです。公的な
職業能力の評価基準として位置づけられています。なお、職業能力評価基準
では仕事（職務）として**人事・人材開発**と**労務管理**は区分されていますが、実
際の企業組織ではさまざまな役割分担がなされています。厚生労働省の定義
は次の通りです。

【人事・人材開発の仕事】
■仕事の内容：人事・人材開発の仕事は、大別すると以下のとおりである。
①人事制度の企画・運用　②要員計画の作成　③採用・配置・退職管理　④賃
金管理　⑤人材開発プラン・教育訓練計画の策定（OJT、Off-JT、自己啓発支
援等）　⑥研修カリキュラムの作成・実施/研修効果の検証など。
　近年、研修の外注化のみならず教育訓練部門の別会社化など、多くの企業

において能力開発の実施体制を見直しつつある。人材開発の担当者としても、教育訓練の費用対効果や経営戦略・経営方針との関連性を意識した施策の推進が強く求められるようになっている。

■求められる経験・能力

① 人事・人材開発の仕事を行うための学歴要件や必要最低経験年数は問われない場合が多いが、教育学や心理学の専門知識が業務遂行上役立つ場合がある。なお、経験者採用の場合には専門的実務経験が要求される。

② 人事制度の企画・立案や要員管理の際に必要となる労働法令（労働基準法、労働契約法、雇用対策法、男女雇用機会均等法など）に関する基本的な知識は必須である。また、退職金・企業年金制度の設計・運営をめぐり、退職給付会計などの企業会計制度や企業年金に係る法制度の最新動向を把握しておく必要がある。なお、予備知識として、労働・社会保険についても最低限の知識を保有していることが望ましい。

③ 人事・人材開発はヒトを扱う仕事であり、社内のさまざまな職種・職位の社員を対象とする仕事である。このため、社内各部門や社外の関係機関等と活発なコミュニケーションをはかり、協力的に業務を推進する能力が求められる。

【労務管理の仕事】

■仕事の内容：労務管理の仕事はおおむね以下の4種類に大別される。

① 労使関係：労使関係の維持・向上策の立案・推進、労使交渉や労働争議、個別労働紛争への対応等を行う仕事。

② 就業管理：就業規則の立案・改廃や、労働時間、勤務諸規定に関し、法令を踏まえた制度企画および解釈・運用、関係部門に対する指導・助言等を行う仕事。

③ 安全衛生：安全衛生管理体制の構築、各種活動計画の作成・推進、健康確保対策の推進、労働災害への対応など、安全衛生管理に関する立案・推進の仕事。

④ 福利厚生：福利厚生に関する各種施策の立案・導入・運用や関係部門に対する指導・助言を行う仕事。

■求められる経験・能力

① 労務管理の仕事を行うための学歴要件や必要最低経験年数は問われない場合が多い。ただし、経験者採用の場合には実務経験が要求される。

② 労務管理の仕事は法令に沿った対応が求められるものが多く、労使関係諸施策の運営や就業管理、安全衛生管理等の際に必要となる労働法令（労働組合法、労働基準法、労働安全衛生法など）に関する最新動向を常時把握しておくことが求められる。代表的な判例については、その判決と留意点を理解していることが望ましい。

③ 労務管理の仕事は、労働組合が存在する場合と存在しない場合で業務の進め方が異なる場合が多いが、いずれの場合にせよ、社内外の関係者と十分な連携とコミュニケーションを図りながら業務を遂行することが求められる場面が多い。

出典：厚生労働省 職業能力評価基準の策定業種一覧

4. 人的資源管理における課題

近年、人的資源管理においては多様な人材のマネジメントや働く環境の見直しが重要な課題となっています。企業では高齢者、障がい者、外国人などさまざまな人が働いており、正規雇用に限らず非正規雇用で働く人もいます。また、働き方改革法案に対応した短時間勤務や**テレワーク**等の、時間や場所の柔軟性が高い働き方の促進が求められています。働く人のメンタルヘルスや職場のハラスメントへの配慮も課題となっています。

テレワークは、「tele ＝ 離れたところで」と「work ＝ 働く」をあわせた造語です。テレワークとは、「ICT（Information and Communication Technology：情報通信技術）を利用し、時間や場所を有効に活用できる柔軟な働き方（総務省）」と定義されます。勤務形態は仕事をする場所により分けられ、①自宅で仕事を行う在宅勤務、②出張時の移動中などに公共交通機関内やカフェ等で仕事を行うモバイル勤務、③共同のワークスペースなどを利用して仕事を行うサテライトオフィス勤務の3形態があります。2020年より新型コロナウイ

ルス感染症対策として急速に企業での利用率が高まりました。テレワークは、多様な生活スタイルに応じた働き方を可能とするため、社会、企業、就業者の3方向にさまざまなプラスの効果をもたらすと考えられています。社会面では、働き方改革、労働人口の確保、生産性の向上、地方創生の促進効果、企業側にとっては非常時の業務継続、人材の確保・離職防止、業務変革、オフィスコスト削減、生産性の向上への効果、働く人にとっては多様な働き方の実現、育児・介護・治療との両立や通勤時間の削減、家族と過ごす時間や自己啓発などの時間増加によるワーク・ライフ・バランスの実現などのメリットが見込まれています。一方で人的資源管理においては、①人事評価（業務遂行状況や成果を生み出すプロセスで発揮する能力を把握しづらい等）、②テレワークを行うことによって生じる通信費、機器費用などの費用負担（新たな就業規則等が必要）、③人材育成（特に新入社員、中途採用および異動直後の社員等に対しては、オンラインのみでの OJT では、質問がしにくく不安が大きい場合があるため、工夫が必要）、④労働時間管理（過度な長時間労働になる可能性がある、労使間の話し合い、新たなルール作りが必要）の問題が指摘されています（厚生労働省、2020c）。

< ディスカッション課題 >

① 新卒一括採用のメリット・デメリットについて話し合ってみましょう。
② 人的資源管理の仕事と求められる能力について話し合ってみましょう。

第9章　情報化と経営課題

◆◆ サマリー ◆◆

　情報化社会とよばれるように、現代の企業経営において、情報を適切に管理・活用することは非常に重要な事項となっています。コンピュータやネットワークなどの技術が発展したことによって、これまで人間の手によって行われていたことが、効率的に行うことができるようになってきました。一方で、わが国の情報化への取り組みは、他国と比べて遅れているという指摘もあります。本章では、情報化社会の成り立ちと、それにともなう企業経営と課題についてマクロ的な観点で紹介していきます。

■ キーワード ■

情報化社会　データ　情報　知識　デジタル・トランスフォーメーション

1.「情報」の重要性

　みなさんの生活のなかで、パソコンやインターネットはなくてはならないものになっていると思います。これらを支えるコンピュータ技術やネットワーク技術は、現在も進化し続けています。このような技術の発展により、企業は、企業活動や顧客情報などをデータとして収集できるようになり、情報システムなどを用いて、情報の管理・運用が行われるようになりました。

　例えば、コンピュータが企業に普及していない時代の働き方を想像してみましょう。企業活動に関連したデータは、個々の従業員の手作業によって紙に記入されていました。そして、紙の資料の多くは、ロッカーや倉庫などで保

管されていました。このため、企業経営に役立つようなデータや情報に加工していくためには、膨大な時間や労力を必要としていました。コンピュータ技術の発展によって、こうしたデータはデジタル化されるようになり、スムーズに集計や分析を行うことが容易になりました。

　情報化社会といわれるように、現代の企業経営において、情報をうまく管理・運用することは非常に重要な事項となっています。しかし、ICTとよばれる情報通信技術の著しい発展のなかで、企業はかならずしも情報をうまく活用できていないという指摘もあります。本章では、こうした現代社会の情報化の潮流と現代の企業経営における課題について説明していきます。

2. 情報化と企業

　情報という用語は非常に広範な意味をもちます。ここでは、データや知識などの類似した用語とともに整理していきます。データ・情報・知識については、以下のように定義されます（一瀬 2016）。

■**データ**（data）：誰か（何か）が、事象・出来事、あるいは事柄について数えたり、測定したり、観察したりした結果を、数値・文字・文章・図・静止画・動画・音声、あるいはそれらの組み合わせによって表現し、記録したもの。

■**情報**（information）：ある目的を達成するための、あるいはある問題を解決するための意思決定をしている人（意思決定者）が、当該意思決定に関係していて、意味をもち、役立つ（検討する価値がある）だろうと認めたデータ、あるいは、それらの処理結果。

■**知識**（knowledge）：意思決定者がある意思決定をする際にすぐに利用できる内容や事柄で、記憶として頭の中に備わっていたり、経験を通して体の一部に備わっているもの。

　企業経営で活用されるデータのほとんどは、最終的にはビット化（0か1）されたデジタルデータとして保存されます。製品の売上情報や顧客情報にと

どまらず、生産や物流、営業などさまざまな企業活動が膨大なデータとして保存できます。一方で、ただデータを収集して保存するだけでは、企業経営にとって何も意味がありません。最終的には、企業経営における意思決定に結びつく必要があります。企業組織にはさまざまな意思決定者が存在しており、対処すべき目的や課題の捉え方も異なってきます。つまり、意味があり、役立つと考えられるデータを見つけ出し、適切に処理することで、情報として解釈できるようになります。そして、集められた情報を解釈することで、適切もしくは効率的な意思決定を行うことができます。

　こうしたデータを用いた意思決定の過程において、意思決定者（もしくは関連した組織）において蓄積された知識が必要となります。さまざまなデータの中からどのようなデータを選ぶべきか？選ばれたデータの中から、どのように情報として解釈し、意思決定を行っていくべきか？などを検討する際に、知識がおおいに影響します。知識には形式知と暗黙知の 2 種類があります。形式知は、文章や話といった言葉を中心として、書物や資料などの明文化されたものから獲得されます。暗黙知は、経験や勘に基づく知識のことで、言葉などで表現が難しいものとして定義されます。

図表 9-1　企業内意思決定者の情報活用

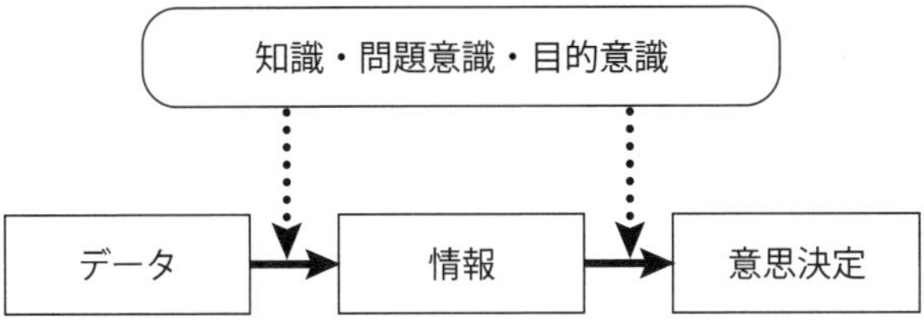

出典：一瀬、2016

　企業組織において蓄積された知識の全てが、文書などで明文化していくことは困難です。過去行った企業活動に基づき形成された経験や勘は、個人個人に依存しやすい傾向にあり、特にわが国の企業において顕著であるといわれています。こうした形式知と暗黙知を組み合わせることで、膨大なデータの中

から、情報を見つけ出し処理して、意思決定を行っていくことが重要です。

　これまでの説明を図示したものが図表 9-1 です。さまざまなデータをたくさん集めていったとしても、必ずしも効果的な意思決定を行えるわけではありません。企業の問題意識や目的意識が適切に設定され、意思決定者の知識を活用していく必要があります。

3. 情報化を支える技術

　データを集めて処理を行い、価値のある情報に展開する際に活用される情報システムは、IT（Information Technology/情報技術）もしくは ICT（Information and Communication Technology/情報通信技術）の技術が基盤となっています。みなさんも、パソコンを使ってなんらかの処理を行ったり、スマートフォンを使って他人とコミュニケーションしたりするかと思います。これらの行動において、上記のような技術が用いられています。そして、企業の経営活動をサポートする情報システムもまた、これらの技術を活用しています。

　ICT に含まれる主な技術として、ハードウェア、ソフトウェア、データベース、ネットワークの 4 つがあり、これらの技術が組み合わさることで、現代社会が構成されているといっても過言ではありません。

（1）ハードウェア（Hardware）

　ハードウェアは、情報システムの入力（インプット）、処理、そして出力（アウトプット）に関わるさまざまな作業のために用いられる物理的な装置を指します。具体的には、コンピュータ本体の記憶装置（メモリ）、演算装置、制御装置、コンピュータを相互に接続するテレコミュニケーション装置などが含まれます。そして、CPU とよばれる中央処理装置（Central Processing Unit）がそれぞれの装置の性能を規定します。みなさんもパソコンを購入される際に、CPU のスペックをまず確認されたことがあるかもしれません。CPU はコンピュータ全体の性能をあらわす代表的な装置といえます。CPU の性能は半導体の集積率に依存していますが、技術的な発展が続いているため、半導体の集積率は増加傾向が続いています。その結果として、コンピュータの性能

は飛躍的に向上しました。膨大なデータ処理や解析が求められている現代において、こうした CPU の性能の向上はなくてはならないものといえます。

　ハードウェアは、あくまで機械的な言語によって処理される装置であるため、一般的なユーザーがパソコンを使う際には、次に説明するソフトウェアを用いていく必要があります。

（2）ソフトウェア（Software）

　みなさんもパソコンを使われる際に、Windows を使って Excel を開いて、作業を行われたことがあるかもしれません。こうした Windows や Excel などのソフトウェアを実行することは、ハードウェアをどのように動かすべきかをコンピュータに命令していることになります。ソフトウェアを用いることで、ハードウェアを稼働させて、データや情報を意味のある形に操作・処理できるようになります。ソフトウェアは、コンピュータシステム上何らかの処理を行うプログラム・手続き・文書・利用技術などの総称です。

　ここで、代表的なソフトウェアであるオペレーティングシステム（Operating System/ 以降 OS とします）とアプリケーションソフトウェアについて説明します。OS は、コンピュータシステム全体を管理する基本ソフトウェアであり、Windows や macOS、Linux などが該当します。OS は、ハードウェアとアプリケーションソフトウェアの間をつなぎ、アプリケーションソフトウェアを動作させることを主な目的とします。一方、アプリケーションソフトウェアは、ユーザーが要求する情報処理を直接実行する応用ソフトウェアであり、Excel や Word などの表計算・文書作成ソフト、動画編集ソフト、データベースソフト、メールソフト、ゲームソフトなどが含まれます。また、近年ではスマートフォンのアプリなどもこれに該当します。また、パッケージソフトとよばれるような、多数の人々が共通に利用できる業務用ソフトなども含まれ、会計処理・給与計算・在庫管理・データ分析などさまざまな分野のソフトウェアが販売されています[1]。

---

[1] パッケージソフトの身近な例として、勘定奉行（会計処理）・やよいの給与計算（給与計算）・SPSS（データ分析）などがあげられます。

（3）データベース（Database）

　データベースとは、コンピュータシステムの利用を前提として、企業におけるさまざまなアプリケーションの実行やデータ利用目的の達成に、的確かつ効率的に対処できるように統合化され、組織化・構造化されたデータの集まりのことを指します（遠山・村田・古賀 2021）。データベースについては、先に述べたソフトウェアと似たようなかたちで表現される場合もありますが、膨大なデータを扱うことが増えた現代の企業経営において非常に重要な技術です。また、Excel を利用されたことがあるみなさんのなかには、データベースと Excel の違いについて疑問を抱かれた方もいるかもしれません。Excel の場合、蓄積できるデータの量に制限がありますし、個別の作業処理は個々のパソコン上で行われることが多いために、企業内で膨大に蓄積されるデータを統合的に管理・運営していくことが困難です。また、現代では、異なる種類のデータを複数集めて、それらを統合して管理することも増えています。このために、企業では、データベース管理システム（DataBase Management System/DBMS）を用いて、データの収集や統合などを効率的に行えるようにしています。データベースについては、データの扱い方の観点でいくつか種類がありますが、ここでは、代表的なリレーショナルデータベース（関係性データベース）を紹介します。リレーショナルデータベースは、2 次元の表の集まりとしてデータベース内のデータを記述していきます。これらの表に対して、選択・射影・結合・和・差などの演算処理を行うことで必要なデータを作成していきます。例えば、結合を行ったイメージを図表9-2 に示します。

　ある企業におけるいくつかの商品について、商品名と売上情報が異なるデータベースに蓄積されています。A と B のデータベースについて、単体のデータだけでは、どのような商品がどれだけ売上があるのかがすぐにはわかりません。よって、商品番号に基づいて、商品名と売上を結合したデータベース C を作成することで、企業内の商品別の売上情報がわかりやすく表現されるようになります。

　膨大で多種多様なデータを活用できるようになった現代において、企業内の意思決定を有益に行っていくために、データや情報を適切かつ効率的に処

理していく必要があります。その際に、データベース技術は非常に重要となるはずです。

図表9-2　リレーショナルデータベースの結合イメージ

〈データベースＡ〉　　　　　　　　　　〈データベースＢ〉

商品番号	商品名
900001	商品 A
900002	商品 B
900003	商品 C
900004	商品 D
900005	商品 E

商品番号	売上(個数)
900001	150
900002	200
900003	300
900004	280
900005	100

（結合）

商品番号	商品名	売上(個数)
900001	商品 A	150
900002	商品 B	200
900003	商品 C	300
900004	商品 D	280
900005	商品 E	100

〈データベースＣ〉

出典：筆者作成

（４）ネットワーク（Network）

　みなさんのなかには、写真やデータをメールやファイル共有サービスを使って友達と共有したことがあるかと思います。また、Amazon などの EC サイトを使って、自分の好きなとき・場所から商品を購入したこともあるはずです。このようなシーンにおいて、ネットワーク技術が主に活用されています。ネットワーク技術とは、パソコンやスマートフォンなどの機器が、電話回線やケーブル回線などによって接続される際に活用されている技術です。インターネットが普及した 1990 年代中期以降から、企業内で浸透が進みました。それ以前の時代では、スタンドアロンとよばれるように、パソコンなどの機器は個々単独で利用されている状況でした。このため、フロッピーディスクや磁気テープを用いることで複数の機器間でデータを連携していました。ネットワーク技術の発展にともない、LAN（Local Area Network）や WAN（Wide Area Network）、インターネットやイントラネットなどによって、企業内における個々のパソコンをつなげて、データ連携などが容易になりました。また、

ネットワーク技術の発展により、EC サイトや顧客問い合わせなどの消費者との直接的なやりとりも容易となり、近年増加傾向にある遠隔講義や在宅ワークなどを支えています。

4. 情報システム

（1）情報システムとは？

　これまで学んできたハードウェア、ソフトウェア、データベース、ネットワークなどの基幹技術を用いることで、企業ではさまざまな情報システムが開発され利用されています。現代の企業活動は、製品開発や生産、営業活動、顧客管理などのように役割や組織が多岐にわたります。また、インターネットの登場以降、集めることのできるデータ量も飛躍的に増加しています。このために、企業は、必要とする情報をスムーズに入手して意思決定に用いていくために、情報システムの導入が求められています。

　ここでは一瀬 (2016) に基づいて、情報システムを「意思決定者たちが必要とする情報を必要とするときに、必要とする場所において利用できるようにするために構築された、データを収集し、蓄積し、管理し、処理し、配布するシステム」と定義します。企業は多くの支店・組織をもち、たくさんの人が働いています。このため、同じデータであっても、組織や人によって、その処理方法が異なり、誤った情報を作成してしまうリスクや時間的ロスが発生します。情報システムを導入することによって、こうしたリスクや時間的ロスを最小化できるので、適切な意思決定や対処をスムーズに行うことが期待されます。

（2）情報システムの変遷

　情報システムの主な変遷を確認していきます。1950 年代に EDPS（Electric Data Processing Systems/電子的データ処理システム）が導入されるようになりました。EDPS は、給与計算や売上計算、請求処理などの手作業で行われていた事務データの処理を電子化して、合理化、自動化、集中化を図り、大企業の定型的事務処理の効率化に貢献したといわれています。

　1960 年代には、経営者の意思決定に必要な情報を提供し、経営管理に役立つシステムとして、**MIS**（Management Information Systems／経営情報システム）[2] の概念が提唱されました。しかし、当時のコンピュータ技術の限界もあり、人間の意思決定に関わる処理を代替することはできず、MIS に対する注目は失望に変わっていきました。

　1970 年代に入ると、**DSS**（Decision Support Systems／意思決定支援システム）が登場しました。DSS は、意思決定者が決定問題を明確に表現し、目的達成のための代替案作成までを目的として、注文処理や在庫管理、計画立案、意思決定支援などの処理を対象としています。MIS と DSS は、企業内でどのレベルの人を対象として設計されているかで異なります。MIS は主に企業の経営者の意思決定を支援することを重視していますが、DSS は企業内のさまざまな従業員の意思決定を支援することに重きを置いています。いずれの概念も、技術の発達した現代の情報システムにおいて広く用いられています。

　1980 年代には、コンピュータの小型化やネットワークの大容量化が進み、企業内の従業員の一部でワードプロセッサーやパソコンの導入が始まりました。それまでのコンピュータを用いた業務は、非常に限られた人のみが関与していましたが、より多くの従業員がコンピュータを用いることができるようになりました。このような流れのなかで、**OA**（Office Automation／オフィスオートメーション）の重要性が提唱され、企業は、今まで人の手で行っていた作業をパソコンやコピー機、FAX などを用いることで、自動化させることを目指しました。

　そして、1990 年代中期には、さまざまな従業員が個々でもつ意思決定に関わる情報処理を自分自身で行うという **EUC**（End-User Computing／エンドユーザーコンピューティング）が進展しました。コンピュータが普及することによって、限られた社員でしか活用できない時代から、大多数の社員にまで幅広く情報を活用できるようになりました。そして現代では、企業の従業員のほとんどが、個々で保有するパソコンを用いて Excel や Word などを利用して作業を行い、企業の保有するなんらかの情報システムから得られる情報を業

---

[2] 管理情報システムと表現する場合もあります。

務に活用するようになっています。

　2000年以降は、コンピュータ技術とネットワーク技術の融合が進んだことも特筆すべきことと考えられます。具体例として、ネットワーク機能を強化したパソコンが普及して、組織内のファイル共有などが一元的に管理できるようになりました。このような背景から、情報システムを活用して企業内の業務内容や業務の流れを抜本的に見直して、ビジネスプロセスを再構築するというBPR（Business Process Reengineering）が提唱されました。BPRの概念に基づいて、企業活動のさまざまな領域を対象とした情報システムが普及しました。企業活動に関わる供給業者から最終消費者までの製品の流れを統合的に見直し、プロセス全体の効率化と最適化を実現することを目的とした**SCM**（Supply Chain Management/**サプライチェーンマネジメント**）、営業活動の効率化を目的としたSFA（Sales Force Automation/営業活動支援システム）、売上収益の向上のための顧客との関係性強化を目的とした**CRM**（Customer Relationship Management/**顧客関係管理**）などがあります。また、これまでの業務遂行や意思決定において、個々人の保有している経験や知識、勘などがおおいに影響を与えていたために、俗人的になりやすいことが課題でした。このために、企業が保有している情報と知識と、個人が保有しているノウハウや経験などの知的資産を共有して価値を生み出すことを目的としたKM（Knowledge Management/**ナレッジマネジメント**）も登場しました。

5.　情報化社会の進展

　パソコンやインターネットが全く使えない状況を想像してみてください。日々の学習や仕事をどう進めていけばいいか途方に暮れてしまうのではないかと思います。このようにコンピュータやネットワークが深く浸透した現代は、情報化社会とよばれ、歴史上これまでに起こった産業革命と同様のインパクトがあったといわれています。工業生産に依存した社会から情報や知識の生産が主役となった時代です。そして、今まさに、**デジタル・トランスフォーメーション**（Digital Transformation/DX）とよばれる新たな変革が進展しつ

つあります。デジタル・トランスフォーメーションについてさまざまな定義が存在しますが、ここでは、「情報通信技術/デジタル技術を複合的・統合的に駆使して、仮想空間と現実空間を高度に融合させて、人間の生活をあらゆる面でより良い方向に変化させること」と定義します[3]。

　デジタル・トランスフォーメーションに関連したトピックを紹介します。インターネットを中心としたネットワーク技術の発展にともない、さまざまなモノ（物）がインターネットに接続され、相互に制御する仕組みとして、IoT（Internet of Things/モノのインターネット）があります。みなさんもスマート家電とよばれるようなスマホから自宅の家電を操作されたこともあるかもしれません。個人を取り巻くさまざまなモノがインターネットに接続されることで、人間の生活の利便性などを高めていくことが期待されます。IoT と関連して、**クラウドコンピューティング**も注目されています。クラウドコンピューティングは、インターネットを介してサービスとしてコンピュータを利用することを指し、企業がハードウェアやソフトウェアを所有する必要がなくなります。

　情報通信技術の発展により、企業はさまざまかつ膨大なデータを収集しやすくなりました。"データは 21 世紀の石油"とよばれるように、データの利活用は、将来的な企業の発展におおいに影響するといわれています。しかし、膨大なデータを保有するだけでは意味がなく、いかに有益な種類・質のあるデータを集め、企業経営に活用していくかが重要です。膨大なデータから企業経営に活用していく際に、人口知能（AI/エーアイ）が注目されています。AI の活用範囲は広がっており、検索エンジンやデジタル広告、金融工学、医療診断など多岐にわたっています。AI を活用した RPA（ロボティクス・プロセス・オートメーション）もまた、主にホワイトカラーの業務を自動化することを意図して導入が進められています。この他にも、VR（仮想現実）や AR（拡張現実）、ブロックチェーンなどの技術の進展にも注目すべきです。

　以上にあげた個々の技術は、データ収集や解析、活用において、相互に関連しあっていることにも留意が必要です。そして、これらの新しい技術をいか

---

[3] 遠山・村田・古賀（2021）や Stolterman & Fors(2004)に基づいて作成しています。

に適切に企業経営に導入していくかが非常に重要となります。

6. 情報化と課題

　わが国は、1990年初頭のバブル崩壊後、20年以上に渡って経済の停滞が続き、国民1人あたりの生産性も、諸外国と比べて伸び悩んでいます。こうした停滞した状況のなかで、日本企業は、情報化やデジタル・トランスフォーメーションに取り組み、経済を再活性化させることが求められています。しかしながら、こうした適用がかならずしもうまく進んでいないことも指摘されています。ここでは、わが国における情報化に関連した課題を、経営や社会などのマクロ観点で紹介します。

（1）情報システムの課題
　情報システムの主な問題点として、①開発および保守にコストがかかること、②必要機能が不足していること、③操作性・ユーザビリティの悪さ、④情報セキュリティ機能の不足、⑤知的財産権、⑥個人情報とプライバシーの保護などがあります（細野・中嶋・浦 2003、岸川・朴 2017）。
　システム開発を行う前に、開発の目的を明確にして、どのような機能を搭載すべきかの検討が行われることが一般的です。しかし、こうした事前の検討が不足したために、目的に合わないシステムが開発されることになり、結果として、誰も使わないシステムとなってしまったり、想定以上のコストが発生してしまう場合があります。また、情報システムの信頼性の低さなどが原因で、システム障害が発生したり、内部情報が外部に漏洩する事例も発生しています。
　国内企業の働き方において、情報システムの根幹となる形式知の割合が少なく、暗黙知の割合が多いという指摘もあります。「あうんの呼吸」とよばれるように、企業の就業環境において言葉や文章などで表現することができない領域が伝統的に多いため、情報システムにうまく反映することが難しくなっています。また、「はじめに技術ありき」の技術決定論（technological determinism）な思考が優先されることで、利用するユーザーのことを二の次に

してしまっていることも影響していると考えられます。このため、人間が行う情報活動になじむ情報システムをいかにデザインするかが重要となります。そのために、新たな技術を導入することで、人間の情報活動をいかに再現するかという考え方と、企業組織の体制をいかにシステムに適用しやすく構成していくかという考え方の両面を検討していく必要があります。

（2）社会や企業経営の課題

　経済産業省が 2018 年にまとめた「DX レポート ～IT システム「2025 年の崖」の克服と DX の本格的な展開～」では、デジタル・トランスフォーメーションを行うにあたっての課題が説明されています。

　第一に、DX に対するビジョンと戦略性の不足があげられます。新たなデジタル技術を活用して、どのようにビジネスを変革していくかという経営戦略の方向性が明確でないのが現状です。AI などの新たな技術を活用すればどのようなことができるのかを実験的に検証することは行われていますが、ビジネスプロセスに導入してどのような変革を図るのかが曖昧であると考えられます。

　第二に、企業の既存システムが足かせとなっていることです。わが国の多くの企業では、技術的に老巧化し、システム的に肥大化・複雑化・ブラックボックス化した情報システムを保有しています。このようなシステムを**レガシーシステム**とよびます。レガシーシステムは運用・保守の観点でも高コストである一方で、改修するリスクも高いため、企業の経営戦略の足かせになっています。アメリカと比べても日本の IT 関連の投資は、保守運用などの分野で多く、製品開発などのイノベーション分野で少ないとされています。また、既存システムを改修する際に、企業内で細分化された組織体制が障壁となっていることも指摘されています。事業部ごとに個別最適化されたバラバラなシステムを利用しているため、全体最適化・標準化を試みても、各事業部が抵抗勢力となり進展しづらくなっています。また、既存システムの問題点を解決するために、業務自体を修正していくことも必要ですが、現場レベルでの抵抗が大きく実行することが難しくなっています。この問題点を解決するには経営層がコミットして推進することが求められますが、そこまで至ってい

ないのが現状です。

　第三に、DX に対応できる人材が不足していることです。企業が保有する IT 人材の多くは、既存システムの保守運用に集中しやすいため、DX を推進する人材が不足傾向にあります。求められる人材のスキルとして、プロジェクトを管理するスキルや、ビジネス化を推進するスキル、デジタル技術やデータサイエンスの知識などが必要とされます。こうしたスキルシフトのために、大学教育の充実や待遇面の改善などが求められます。

7. 情報化への適用を目指して

　情報通信に関連したさまざまな技術は、飛躍的な発展を続けています。新たに登場した技術がもつ価値は、すぐにその効果がわかるわけではありません。このため、新たな技術を導入することに経営的なリスクもともないます。わが国は、過去の成功体験にこだわりすぎるがゆえに、なかなかドラスティックな変化を起こせていない現状があります。しかし、これからは新たな技術の有効性を適正に評価を行ったうえで、現代の企業活動に適した情報を活用できるようにするために、改革を推進していく必要があります。

■■コラム■■

複雑につながった世界のサプライチェーン

　日本経済が対米輸出に依存していた時代に「アメリカがくしゃみをすれば、日本が風邪をひく」と言われていました。日本経済が成長を続けたなかで、アメリカへの依存は少なくなっていきましたが、その分、グローバルで多くの国と複雑につながりあうようになりました。そして、製造業において高度に発達したサプライチェーン（供給連鎖）の仕組みがグローバル規模で形成さ

れていき、多くの恩恵を得る一方で、リスクも顕在化しています。

　2020年に発生した新型コロナウイルス（COVID-19）の感染流行は、全世界のサプライチェーンの脆さを露呈することになりました。日本経済新聞2021年1月25日付「**半導体、世界でなぜ不足？**」の記事によると、2020年秋以降、世界的に半導体不足が続いています。新型コロナウイルスの影響でテレワークが世界中で広がり、パソコンなどに使う電源管理用の半導体がまず足りなくなりました。さらに自動車市場において、車の需要が減少するという予測をしていたのですが、想定以上のスピードで需要が回復したために、車の動きを制御するための半導体の供給が不足気味になりました。そして国家間の関係悪化も加わって、最終的に家電やゲーム、湯沸かし器など半導体が使われているさまざまな製品の生産にネガティブな影響が及んでいます。

　現代では1つの半導体を作るために、アメリカやアジア諸国の複数の国で異なる役割を果たしながら連携しています。この章で紹介したように、半導体の開発技術は飛躍的に発展していますが、それでも、まだ半導体の生産に数カ月の期間が必要とされます。こうした半導体ならではの複雑に入り組んだ生産工程と完成までの時間の長さもまた影響しています。そして、情報化の進んだ現代社会において、さまざまな製品にコンピュータが内蔵されるようになったため、半導体の不足は、企業の生産活動をストップさせる可能性があり、多方面で深刻な影響を及ぼしています。

　また、半導体に限らず、企業活動がグローバルに広がったことで、さまざまな商品を作るにしても材料の調達など諸外国の企業との協力が不可欠となっています。こうしたグローバルな生産体制の構築によって、あらゆる商品やサービスを低価格で享受できる時代になりました。しかし、今回のコロナ禍による半導体不足のニュースをみると、生産工程において需要と供給のバランスを調整することの難しさを改めて痛感します。政治的・経済的な問題に留まらず、環境問題や人権問題などのさまざまな課題が複雑に影響しています。半導体のサプライチェーンを再構築するためには、国家レベルでの戦略的な立て直しが必要となるでしょうし、グローバル時代ならではのリスクをどのように担保していくべきかについて企業は真剣に考えていく必要があり

ます。

　最後に皆さんに考えていただきたいことは、複雑につながった世界の中で、最初は関係がないと思っていた諸外国の出来事が、巡り巡って日本経済やご自身の生活に大きな影響を及ぼしていく可能性があるということです。今後、社会で生きていくためにも、このような1つの出来事によって生じるさまざまな影響について予想し、考えていくことが重要だと思います。

　まず、世界の日々のニュースや出来事に注目し、できるだけ信頼できるメディアを見つけていくべきです。次に、世界で起きたとある出来事によって、日本社会や自分の生活にどのような影響が及びそうかを想像しつつ、現実の結末を見届けてください。そして、自分が想像した結果と、現実で起きた結末を比べて見て、どのような点が予想どおりだったか、どのような点が間違っていたかを整理してみてください。こうしたロールプレイを何度か繰り返すことで、社会の動きを見る目を養えてくるはずです。「風がふけば桶屋が儲かる」という言葉があるとおり、社会の出来事は複雑に密接につながっていることを前提に、情報と情報を結び付けていき、あなたならではの知識を構築していくことはとても有意義なことだと思います。

< ディスカッション課題 >

① あなた自身の生活を振り返ってみて、ペーパー（紙）に記録することとデジタル（オンライン）に記録していることを区別して、それぞれにどのような特徴や理由があるかを考えてみてください。

② ICT（情報通信技術）の普及によって、あなたの生活にどのようなメリット・デメリットがあったかを考えてみてください。

③ わが国で起きたシステム障害の不祥事を検索して、どのような企業がどのような原因でそのような障害が発生したのか？を考えてみてください。

第10章　情報の活用と管理

◆◆ サマリー ◆◆

　情報通信技術の発展によって、企業はさまざまなデータや情報を収集して、企業活動に活用しています。企業活動においてデータや情報を活用することの重要性が高まった一方で、企業にとって新たなリスクや課題もでてきています。この章では、企業におけるデータや情報の活用方法の実際をまず紹介します。その後、個人情報保護やセキュリティなどの実務上の課題を説明していきます。

■ キーワード ■

情報管理　データの活用　ビジネス・インテリジェンス　個人情報保護
セキュリティ

1.　情報を活用し管理していくことの重要性

　第9章で紹介したように、情報通信技術の発展にともない、企業経営において情報の有効性や重要性が高まりました。本章では、企業活動のさまざまな領域において情報やデータが具体的にどのように活用されているのか？そして、企業の**情報管理**において、どのような検討事項が残されているのか？について、実務レベルの観点で説明します。

　みなさんのなかには、ポイントカードを使って商品を買って、ポイントを貯めたりしている方もいらっしゃるかと思います。これらの購買履歴データは、企業のデータベースに蓄積され、商品購買者の特徴の確認に使われたり、

次のプロモーション活動の対象者情報として使われています。また、Web サイトで何らかの商品サービス名を検索した場合、後日その商品サービスに関係する Web 広告が表示されていることに気づかれた方もいるかもしれません。情報通信技術の発展にともない、このような消費者の行動履歴は、マーケティングなどの領域で分析や施策に広く活用されるようになりました。

　一方で、こうした消費者の行動履歴データの中には、個人情報に該当するものも多く含まれているため、情報漏洩などのアクシデントによって企業に対する信頼や価値が急降下してしまう事例も発生しています。また、消費者から集めたデータを、収集時の目的を超えた形で活用することにより、消費者の不信を招き、クレームや Web 上での炎上などの問題化したケースもあります。

　本章では、このような企業の情報活用の実際と情報管理の課題の両面について詳しく説明します。

2. 情報管理

　情報管理とは、企業などの組織体の状態を良好に保つ、あるいは、よりよい状態にするために、関連する情報の収集・蓄積・検索、加工・創造・伝達などを適切に行うことです（山口大学経済学部経営学科 2005）。前章でふれたように、情報はデータから構成されていますが、近年の情報通信技術の発展によって、ビッグデータという用語を聞かれたことがある方もいらっしゃるかと思います。スマホアプリや Web サイトなどのように人間が行った行動の履歴が、データとして自動的に蓄積されるようになっています。結果として、企業がデータを収集できる範囲や、蓄積できるデータの種類や量、データを処理する速度が飛躍的に高まっています。そして、企業にとっても、蓄積されたデータを有効な情報に変換して、効率性の向上や新たな価値の創出などに活用していくことが求められています。

3. 企業における情報活用

　ここでみなさんに具体的なイメージをもっていただくために、企業実務のさまざまな領域における新しい技術の活用や情報管理の事例を紹介します。

（1）人事

　企業内の人事部門は、社員の採用や教育・研修、労務管理や人事評価、退職までの一連の過程をマネージメントして、組織全体の生産性などを高めることが期待されています。現状の企業内の人材的な課題を分析したうえで、新卒採用や中途採用の計画を立案して、採用活動を行ったり、社員の勤怠を管理して給与計算を行ったり、組織内における社員の評価を行っています。また、社員のスキルや資格を情報として管理して、教育・研修の計画を立てて、組織内に求められる能力やスキルの向上を促していくことも期待されています。

　近年、わが国の労働環境は、少子高齢化による就労人口の減少や働き方の多様化が進行しています。こうした変化にともなって、AI やクラウド、ビッグデータなどの技術を活用して、人と組織のパフォーマンスを最大化することを目的とした HR Tech（Human Resource Technology/エイチアールテック）への注目が高まっています。HR Tech の具体例としては、社員の就労状況と給与計算を一元化した労務管理のソフトウェアの導入や、社員の行動履歴や心理状況のデータを分析することによって、社員の離職リスクを予測し、離職者予備軍をフォローすることなどがあげられます。

（2）組織コミュニケーション

　終身雇用や年功序列を特徴としたわが国の就労環境も変わりつつあります。2020 年に発生した新型コロナウイルスの感染流行を契機に、「情報通信技術を活用した、場所や時間にとらわれない柔軟な働き方」であるテレワークの導入が急速に進みました。また、2019 年に働き方改革関連法が施行されたことにより、副業やクラウドソーシング、ギグワーク[1]などが浸透しつつあります。

---

[1] ウーバーイーツに代表されるような、時々において単発の仕事を引き受ける働き方のことを指します。

こうした就労環境の流動化が進むなかで、企業組織内の社員や関係者間の適切な組織コミュニケーションを成立させるための情報通信技術の導入が進められています。例えば、社内専用のソーシャルメディアやチャットツール、在宅勤務のためのリモート会議システム、社員教育のための e ラーニングなどが活用されています。みなさんも普段スマホのメッセージアプリなどを使って、友人とコミュニケーションしていると思いますが、企業における組織コミュニケーションにおいてもこうした技術の活用が進んでいます。そして、今後こうした組織コミュニケーションの行動履歴がデータとして管理され活用されることになるかもしれません。

（3）生産・物流

企業は人的資源、機械設備や原料や素材などの物的資源を利用して、商品を生産し、顧客に向けて販売するために商品を流通させています。このときに、どこに、どのような人的資源や物的資源があり、いつどのように利用できるかを把握する必要があります（山口大学経済学部経営学科 2005）。また、生産された商品がどの程度在庫が残っていて、どこに商品を発送するかなどの物流計画も検討しなければなりません。こうした企業が行う生産や物流の活動において、情報通信技術が活用されています。

商品の生産活動を行う工場では、品質（Quality）・コスト（Cost）・納期（Delivery）の **QCD** が重要な指標とされています。生産活動では、1 つの商品を生産するにも、原料調達や生産下請などさまざまな企業の協力が必要となり、スケジュールを立てることも非常に複雑です。このため、CAD（Computer Aided Design：コンピュータ支援設計）や CAM（Computer Aided Manufacturing：コンピュータ支援製造）などの仕組みを活用して、商品の設計や生産計画の制御が行われてきました。

これまで生産現場では、熟練した職人の経験やノウハウに依存する傾向にありましたが、情報通信技術を活用した効率化も進められています。例えば、品質管理のための欠陥品をチェックする作業は人間の目によって行われていましたが、欠陥品の膨大な画像データを解析することで、AI によってチェック作業を代替できるようになってきました。また、生産の各工程における処

理時間を収集し解析することで、問題となる工程を洗い出していき、生産性の効率につなげた事例もあります。

　物流活動は、コンピュータの登場以前は、商品の受発注や在庫管理、トラックなどを用いた輸送などの過程で、紙ベースによる確認と管理が行われてきました。情報通信技術の発展によって、この物流の仕組みは大きく変化しました。生産された商品を識別するバーコードの普及によって商品情報を一元的に管理することが可能になりました。

　近年では、WMS（Warehouse Management System/倉庫管理システム）とよばれるハンディスキャナーを用いて在庫管理や出荷管理を容易に行うことができる仕組みや、TMS（Transport Management System/発送管理システム）とよばれる配送計画の仕組みの導入が進んでいます。これらの仕組みを用いることで、物流活動に関連した業務のミス削減や効率化、コスト削減などのメリットを得ることができました。

（4）販売

　みなさんもコンビニで買い物する際に、店員が商品についたバーコードをスキャンして金額計算されるのを見たことがあると思います。こうした仕組みを POS システム（Point of Sales/販売時点情報管理システム）とよびます。**POS システム**が登場する以前には、店員が値札に書かれている値段を１つ１つ入力していきながら金額を計算していました。POS システムによって省力化され、人間の知識経験もそこまで必要としないため、小売業におけるアルバイトの活用も拡大しました。

　POS システムでは、日々購買された商品のデータがリアルタイムに蓄積されていきます。バーコードに対応した商品コードに、購入された日時や店舗、個数、価格などのデータが紐づくかたちでデータが蓄積されます。蓄積されたデータは、商品の売上量や販売価格がわかるので、分析や商品企画などのマーケティング活動や在庫管理に活用されています。また、小売業の多くはポイントカードを活用して、１人１人の顧客の性別や年齢などの属性情報や買い回り情報を確認できるようになりました。このような仕組みを FSP（Frequent Shoppers Program/フリークエントショッパーズプログラム）とよ

びます。FSP と POS システムを組み合わせることで[2]、顧客管理に関わる詳細な分析や顧客ごとのプロモーション施策を行えるようになり、顧客管理の重要な仕組みとなっています。

（5）マーケティング

　製品開発や広告コミュニケーションなどのマーケティング領域においても、データや情報の活用は進んでいます。マーケティングの考え方の1つとして、顧客志向があるように、顧客となる消費者がもつニーズを満たすことのできる商品をいかに提供するかが重要となっています。また、近年では消費者側の変化も顕著であり、「マスから個へ」のシフトが進行しているといわれています。マスとは大多数の消費者を同じ価値観や嗜好をもつグループであり、それらマスグループに対して特定の商品や広告を提供することで、売上やシェアの拡大を図る考え方です。一方で、インターネット浸透以降、消費者の価値観は多様化する傾向にあり、市場の大半を占めるマスグループの割合は少なくなり、より細かい消費者グループが乱立するようになりました。このため、企業のマーケティング活動において、よりきめ細かな消費者の分類を行う必要がでてきて、セグメンテーション戦略[3]の重要性が高まっています。

　これまでも、マーケティングリサーチを活用して、消費者に対してアンケート調査やインタビュー調査を行うことで、消費者のニーズを確認することが可能でした。情報通信技術の発展にともない、Web 上の消費者の行動などは自動的にデータ化できるようになったため、企業が収集・活用できるデータは飛躍的に増加しています。企業がセグメンテーション戦略を検討する場合でも、こうしたデータを活用することが増えています。例えば、消費者のWeb サイト閲覧や購買などの行動履歴データを活用することで、カスタマージャーニーとよばれるような、消費者が商品の購買に至るまでの過程を詳細に確認することが可能になりました。また、ソーシャルメディアの普及により、商品やサービスに対する消費者の評価などが投稿されるようになりました。そうした情報を企業側が分析することで、新たな消費者ニーズを探索し

---

[2] 会員情報と販売情報が紐づく形式となるため、ID つき POS データともよばれています。
[3] 第 5 章で学んだように、市場を構成する顧客全体を分割していくための検討をいいます。

て商品開発に活かせるようになりました。

　また、多くの企業ではコールセンターとよばれる仕組みを導入して、消費者からの質問や要望を受けつけています。みなさんのなかにも、買った商品について企業に直接電話して質問をしたことがあるかもしれません。以前はこうしたコールセンターの部門では、電話で受けつけた内容を随時手入力して対応していました。しかし、近年の情報通信技術の発展にともない、人力作業の省略化を目的として、電話の音声情報を自動的にテキスト情報に変換することや、E メールや Web 問い合わせフォーム、チャットボットなどが普及しています。

（6）ネットビジネス

　1990 年代後期にインターネットが登場して以降、現在みなさんのほとんどがインターネットを利用していると思います。また、スマートフォンなどのモバイル端末の普及も急激に進み、すでにパソコンの普及率を超えています（図表 10-1）。インターネットを活用して、EC チャネルや Web 広告、ソーシャルメディアなどさまざまなサービスが開発されてきました。そして、この 20 年間余りでインターネットを活用したビジネスも浸透しており、企業の業績に対する影響力も高まっています。

図表 10-1　情報通信機器の世帯普及率

(%)	2011年	2012年	2013年	2014年	2015年	2016年	2017年	2018年	2019年	2020年
パソコン	77.4	75.8	81.7	78.0	76.8	73.0	72.5	74.0	69.1	70.1
スマートフォン	29.3	49.5	62.6	64.2	72.0	71.8	75.1	79.2	83.4	86.8
タブレット型端末	8.5	15.3	21.9	26.3	33.3	34.4	36.4	40.1	37.4	38.7

出典：総務省「通信利用動向調査」

　Amazon や楽天などを使ってネットショッピングをしたことがある人も多いと思います。こうしたサービスは、EC（Electronic Commerce/e コマース）とよばれ、インターネットを中心とした情報通信技術を介して商品やサービスを売買・分配することを指します。食品や家電、書籍・映画、旅行やチケット販売、金融などさまざまな分野で広く浸透しており、わが国の EC 市場は2020 年で 19.3 兆円の規模にまで成長しています。また越境 EC とよばれる、国境をまたがるかたちでの売買も増加していて、消費者の購買の範囲はグローバルに拡大しています。EC をプラットフォームとして展開しているサービスのほとんどは、顧客の氏名やメールアドレス、支払い情報、過去の購買履歴などを含めた膨大なデータを保有しています。こうしたデータの代表的な活用例としてレコメンデーション機能があります。みなさんも EC で購買した際に、「この商品を買った人は以下の商品も買っています」などの案内でその他の商品を薦められたことはないでしょうか。レコメンデーション機能は、AIの一分野である機械学習とよばれるデータ分析技術を用いて、膨大な購買履歴データの中から商品の購買パターンを見つけ出して、とある商品を買った消費者に対して次に買うべき「おすすめ商品」を自動的に表示することができます。

　インターネットの登場によって、企業の広告宣伝活動にも大きな変化が起きました。みなさんもインターネットを利用している際に、バナー広告や動画広告などが表示されるのを見たことがあると思います。こうした Web 広告は急速に発展を遂げて、わが国では 2019 年時点でテレビ CM を抜いて、最も出稿金額の大きい広告媒体となりました。こうした Web 広告の運用において、消費者の Web 上の行動履歴データがおおいに活用されています。

　例えば、グーグルなどの検索エンジン上の検索履歴に基づいて、広告が表示される検索連動型広告があります。みなさんも検索エンジンでいろいろなワードを入力して、欲しい情報を探したことがあると思います。そして、入力した検索ワードと関連性の強い広告が、検索結果リスト上に表示されることがあります。これは検索連動型広告とよばれており、さまざまな Web 広告のなかでも非常に効果が高い広告といわれています。それは、消費者が検索エ

ンジン上で検索ワードを入力した時点で、そのワードに関連した商品を探している可能性が高いため、表示される検索連動型広告に対する興味関心も高くなりやすいためです。検索連動型広告以外のWeb広告も、消費者が行うWebサイト閲覧に関する行動履歴をデータとして用いて、広告目的となるターゲット消費者に対して広告掲載を行うようなアルゴリズムが活用されています。

　スマートフォンなどのモバイル端末の普及によって、消費者の情報検索行動は、いつでも・どこでも行えるようになりました。また、スマートフォン上で、電子マネーやクレジットカード、QRコードなどを介した支払いが行える電子決済も普及しています。商品やサービスを消費者に購買してもらうために、企業は商品情報や広告販促情報などを自社Webサイトに適切に掲載する必要があります。こうした時間や場所的な制約がなく、利便性の高いモバイル端末は、5G（第五世代移動通信システム）の浸透もあり、今後の企業経営においても非常に重要な役割を果たしていくと考えられます。また近年は、現実空間と仮想空間をスムーズに連携して、消費者の購買行動を促進しようとする**オムニチャネル**の概念が注目を集めています。小売業を中心にオムニチャネルへの取り組みは進められています。オムニチャネルは、お店のアプリを使うことで、店舗にはない商品をスムーズに取り寄せることができたり、お店で気になった商品に関するレシピや利用方法に関する情報をその場で確認できるようになっています。

4.　情報管理における課題

　これまで紹介してきたように、企業活動のさまざまな領域において、データや情報が活用されています。情報通信技術の発展にともなって、企業が活用できるデータや情報は飛躍的に増加しているとともに、現実空間と仮想空間のスムーズな連携ができるようになりました。わが国では、企業が保有する経営資源を「モノ（商品）」「ヒト（従業員・顧客）」「カネ」で分類していましたが、ここに「情報」も加えられることも多くなりました。情報の管理や活用方法に対して、近年注目が集まっています。企業はこうした変化のなかで、

適切な情報管理を行い、企業価値や収益を高めていくことが求められています。一方で、企業の情報管理において取り組むべき課題も存在します。以降では、わが国におけるこうした課題について紹介します。

（1）データの量と種類

　企業は、データを収集してそれを有益な情報に変換して、経営判断や業務プロセスの改善などを行っていきます。近年顕在化している課題の背景として、データの量と種類の増加があげられます。

　世界規模でのデジタルデータの流通量の推計結果を確認すると、2020 年は 59 ゼタバイトであったといわれています。ゼタバイトは途方もない桁数となりますが、2010 年と比べておよそ 60 倍、2000 年と比べておよそ 10,000 倍増加しています[4]。このように、21 世紀に入ってから爆発的にデータ量が増加して、企業が管理・活用するデータ量も飛躍的に増加していると考えられます。ハードウェアやデータベースのメモリや処理速度は指数的に発展しているといわれていますが、発生するデータ量も飛躍的に増加していることも考慮すべきです。

　前節で取り上げたようにさまざまな分野の企業活動において、さまざまな形式のデータが収集できるようになりました。データは主に、構造化データと非構造化データに分類されます。構造化データは、コンピュータにとって容易に理解・管理可能なデータとされ、エクセルのような表形式（テーブル形式）で、決められた場所に決められたデータが、数値や記号などの形式で格納されます。非構造化データは、人間のために作られ、明確な定義をもたないデータとされ、業務日誌や議事録、E メール、映像・音声などが該当します（ベーカー＆マッケンジー法律事務所 2018）。非構造データを情報として活用する場合には、構造化データの場合と比べて、非常に面倒な作業が発生します。例えば、社内のリモート会議の内容から、業務効率化のための改善策を考える必要性が発生したとします。社内で行われた膨大なリモート会議の映像ファイルを見ながら、人力で会議内容をまとめていく作業を行うとすると、非

---

[4] アメリカの調査会社 IDC が実施した調査結果に基づきます。2000 年が 6.2 エクサバイト、2010 年が 988 エクサバイトとなります。

常に時間がかかるとともに、個人のスキルや経験に依存しがちな状況が想像できないでしょうか？　あるいは、こうした映像ファイルの管理場所が決められていなかったら、そのファイルを集めることだけで多大な時間が発生しそうですね。企業が保有するデータの過半数は、こうした非構造化データであるといわれており、データの管理方法や活用方法は非常に大きな課題となっています。

　データの量と質の拡大が進みましたが、企業の情報管理の観点では、①複数の部署で膨大な情報が管理されるために必要な情報が見つけづらくなっていること、②見つけた情報を他人に伝えることが難しくなっていること、③データ加工の再現性が俗人化すること、などの課題も指摘されています。このため、企業で収集・蓄積された膨大なデータを分析・加工し、経営や業務に役立つ情報を引き出す手法や技術の総称として、**ビジネス・インテリジェンス**（Business Intelligence/BI）があります。さまざまなデータを活用しやすいように、可視化・グラフ化されるレポート機能やダッシュボード機能[5]を搭載したBIツールの普及が進んでいます。

（2）セキュリティ

　企業がハッキングやサイバー攻撃を受けて、機密情報が漏洩・改ざんされるなどのニュースをしばしば聞くかと思います。また、企業の従業員・関係者が、顧客情報や機密情報を持ち出して競合企業に共有したというニュースも発生しています。企業経営において情報の重要性が高まり、膨大なデータを保有するようになって、こうした事件の件数や悪質性は高まり、企業経営において非常に大きなリスクとなっています。このため、情報セキュリティを強化する必要性が高まっています。

　情報セキュリティについては主に物理セキュリティとサイバーセキュリティがあります。物理セキュリティは、人為的・物理的な行動から、紙に印刷された機密情報やデータが保存されたハードウェアや情報システムなどを守ることです。会社の中のサーバールームが施錠されていなければ、社員を含め

---

[5] 複数のさまざまなデータのグラフや集計結果をまとめて一覧表示する機能のことをいいます。

てさまざまな人が入室して不正に情報を持ち出す懸念があります。また、会社からの帰宅時に、機密情報の入ったノートパソコンを紛失してしまう懸念もあります。このため、サーバールームなどの機密情報を保管する場所を施錠し、入退室を厳密に管理したり、監視カメラをつけることや、従業員に配布したノートパソコンのパスワード設定や紛失時の罰則を規定するなどを行っています。情報を持ち出す悪意があろうとなかろうと、こうした物理的な情報漏洩のリスクは存在します。「けん制と抑止」を人間に促すために、さまざまなセキュリティの対処が行われています。

　サイバーセキュリティは、インターネットなどを介した仮想空間を経由したサイバー攻撃から、企業が保有する情報やシステムを守ることです。ウイルス感染や不正アクセスによる外部からの侵入などによって、企業が保有する情報が漏洩・改ざん・破壊そして、コンピュータの不正利用が行われます。近年では、特定の企業を狙った標的型攻撃も増加していて、企業が開発中の技術や顧客名簿が盗み出されたり、経営収支を改ざんされるなどの被害が多発しています。ウイルスや不正アクセスに対する対策も日々行われていますが、いたちごっこのように、新たな不正方法が発生し続けているのが現状です。

（3）個人情報保護

　企業は、消費者のさまざまな行動履歴を収集・購買し、そのデータを企業活動に活用しています。特に、ネットビジネスの領域において、個人のデータの収集・蓄積・共有・加工がより容易になっています（遠山・村田・古賀 2021）。そして、この個人データを用いた企業活動も、マスよりも個人に向けたものになる傾向があります。

　みなさんも、EC を使って商品サービスを購買した際に、ご自身の氏名・住所・電話番号・クレジットカード情報などを登録したことがあるかもしれません。こうした情報は、企業内で蓄積・保有されることになりますが、それらの情報がどのように管理されているのか気になることもあるのではないでしょうか？　また、訪れた Web サイトで、「このサイトの Cookie（クッキー）を受け入れますか？」や「この処理を続行するには、Cookie を有効にしてく

ださい」といった案内が表示されたことはないでしょうか？　Cookie とは、Web ブラウザ上におけるパソコンやスマートフォンなどの個人のデバイスを識別するための ID 情報です。Cookie は、Web ブラウザ上の行動履歴を識別することができ、Web 広告の配信などのようにネットビジネス発展の基盤となっていました。

　また、ネットビジネスにおいて、データブローカーとよばれるようなデータ販売企業が存在して、個人データを他企業に売買することも増加しています。加えて、グローバル化の進んだ現代では、個人から収集したデータが、自国以外の国のデータベースに転送されるケースも増加しています。このために、データを共有した消費者が想定しないかたちで、個人データが活用されてしまい、プライバシーの侵害が懸念されていました。

　こうした背景のもとに、わが国では 2015 年の個人情報保護法の大幅な改正を行い、個人データを収集・活用する企業において、データの収集・管理・活用などの規定が定められました。例えば企業は、個人データの取り扱い方法を明文化した**プライバシーポリシー**を策定し、消費者に公開する必要があります（遠山・村田・古賀 2021）。個人情報保護法では、個人情報を①生存する個人に関する情報で、②特定の個人を識別できるものと定義しています。先にあげた Cookie は、単体では個人情報に該当しませんが、他の情報と紐づいて個人を識別できる状態になっている場合には個人情報に該当します[6]。一方、ヨーロッパはより厳しい規制であり、2018 年に施行された EU 一般データ保護規則（GDPR/General Data Protection Regulation）では、Cookie はその情報だけで個人情報に該当されており、氏名と同程度の保護をするべきと考えられています。今後、わが国の個人情報に対する取り扱いがどのように変化していくかが注目されます。

---

[6] 2020 年度に改正された個人情報保護法に基きます。

5. 適切な情報管理を目指して

　情報通信技術の発展によって、企業活動におけるデータや情報の活用がさまざまな領域で浸透が進み、企業の業績に対しての影響力が強くなっています。データや情報を活用した業務システムを導入すれば、ふだんの業務を効率化できて、新たな価値を生み出す面白い仕事に専念できる期待も高まっています。しかしながら、これまで説明した通り、データの収集方法や管理方法、活用方法において、リスクと課題が山積しています。前章で説明したような経営的な課題とあわせて考えると、わが国ならではの働き方や文化の特徴や歴史を考慮して、企業・消費者・社会それぞれのバランスを取りながら、中長期的な視野で情報管理の検討と対処が必要と考えられます。

■■コラム■■

データのリテラシー教育

　この章で説明したように、企業における情報活用はさまざまな領域で大きく進展しています。収集できるデータの種類や量が増加するなかで、情報システムを活用して企業内の従業員が、なんらかのデータや情報を活用して仕事を行っています。それまでは、データ分析は、統計的知識を有した専門家が行うことと位置付けられていましたが、現代では、データ分析に基づいた資料が幅広い社員に共有され、業務検討に活用されるようになりました。そして、現代の経営において情報を活用することはとても重要な事項となっています。こうした潮流は、「**データの民主化**」とも言われていますが、一方で幅広い従業員が利用することになっただけに、データ活用に対するリテラシー教育にも注目が高まっています。

　データリテラシーには統一的な見解は出ていませんが、ここでは「**データ**

を読み、使い、分析し、データに基づいたコミュニケーションが取れるようにする能力」とします（EdTechZine 2021 年）。早稲田大学などのいくつかの大学でも、データサイエンス認定制度を設置して、文系理系問わないかたちで、こうしたデータリテラシーを高める教育に力を入れています。

　この本をお読みの方の多くは学生の方と思いますが、みなさんが社会に出て会社で働くにしても、データを用いて自ら分析したり、上司にその結果を報告することも多いと思います。しかし、統計などの専門知識が求められるような先入観によって、苦手意識を抱えたまま、なかなか手が進まないことも予想されます。データリテラシーを高めていくためには、確かに統計的知識を有することも重要ですが、それだけでは不十分です。ビジネスを進めていくために必要とされるデータは何なのか？その分析結果をどのように活用するのか？のようなビジネス活用の視点がより重要とされるはずです。このような専門的な分析知識と、ビジネス知識を結び付けて考えていくことで、有益なデータ活用が進んでくるはずです。

　また、より現場レベルの話になりますが、一社員であっても客観的なデータを活用することで、組織を動かすこともできるはずです。会社に入社して経験が乏しい社員が、直感だけで上司や同僚を説得することはとても難しそうですよね。長年の経験値を積んでいる上司に対して直感だけで説得なんてとてもできないと思います。しかし、データという客観的な事実に基いたレポートを駆使することで、上司への説得の難易度も下がってくると思います。

　そして、こうしたシーンの際、難しい調査や分析を行うわけではなく、ビジネスを進めるうえで必要な基本的なデータ（売上、価格）などを、時系列や地域などのさまざまな切り口で結果を見て、有効な結果をグラフ化して、レポートにするだけでも十分なことも多いです。

　学生のうちに、こうしたデータ活用に慣れ親しむことが求められてきます。データへの苦手意識が高い方には、まず自分の生活と関連したテーマに関する統計データを見ていきながら、苦手意識を克服していくのはいかがでしょうか？　今では、国や企業が集めたさまざまなデータが、見やすく可視化されるサイトも以下のようにあります。こうしたサイトの中から、ご自身が興

味のあるテーマのデータを見ていくことで、「データって面白い！」と思って
いただけると幸いです。

◆ e-Stat（統計で見る日本）　https://www.e-stat.go.jp/
〜日本の統計データが閲覧できる政府統計ポータルサイト〜
・政府が調べた統計データのほとんどがここから確認できます。
◆ 総務省統計局　家計調査　https://www.stat.go.jp/data/kakei/index.html
・餃子日本一などのニュースを見たことがある人も多いと思いますが、都道府県別の商品購
　買量などを確認できます。みなさんが住んでいる地域はどんな特徴があるのか見てみませ
　んか？
◆ 社会生活基本調査　総務省統計局　https://www.stat.go.jp/data/shakai/2021/index.html
・睡眠時間や趣味など、生活全般のさまざまなデータがあります。例えば、都道府県別で最
　も起床する時間が早いところは？など、身近なテーマが多々あります。
◆ 博報堂生活総合研究所　生活定点調査　https://seikatsusoken.jp/
・生活者の意識や価値観のアンケートデータが、1992 年から長期トレンドで確認することが
　できます。例えば、好きな料理？を見ると、この 20 年のなかで最も伸びた食べ物は何かを
　知ることができます。

参考：
エドテックジン〜ICT で学びの可能性を広げよう 2021 年 8 月 18 日記事　「なぜ学生のうち
　にデータリテラシーを身につけることが重要なのか？　医療事務人材育成の現場から探る」
　https://edtechzine.jp/article/detail/6076　閲覧日 2021 年 10 月 11 日

< ディスカッション課題 >

① あなたが興味のある市場を設定し、その市場内の複数の企業をとりあげて
みて、それぞれの企業が、インターネットを活用したビジネス（EC チャ
ネル、Web サイト、Web 広告など）についてどのような取り組みをしてい
るかを調べてください。そのうえで、同じ市場内であっても企業間で違い
がないかを確認してみてください。

② サイバー攻撃や不正アクセスなどにより、企業内の情報が漏洩・改ざんさ
れた事例を調べてみてください。そして、その原因や企業経営に及ぼした
影響についてまとめてみてください。

③ あなたが利用しているポイントカードや EC サイトのプライバシーポリシ
ーの Web ページを確認して、あなたが提供した情報がどのように取り扱
われているかを確認してみてください。

第11章　企業と財務管理

◆◆ サマリー ◆◆

　資金とは、事業の元手や経営のために使用される金銭のことです。企業は継続的に事業を営むために、常に資金の入金と出金を管理することが大切です。例えば、入金が出金よりも多い場合、企業は儲かり、資金を次の成長の元手に充てることができます。反対に、入金よりも出金が多い場合、その時期が続くと企業は潰れてしまいます。企業が潰れることを倒産といいます。企業が倒産すると、社員とその家族が路頭に迷うだけでなく、取引先や地域といった社会に対する責任が果たせなくなります。また、取引先はその企業からの入金を元手に仕入れを行っていることから、連鎖倒産に発展する恐れもあります。このように、資金は社会の潤滑油の役割を果たしているのです。本章では、企業の資金のやり繰り、つまり財務管理について、その基本的な考え方や仕組みを学習します。

■ キーワード ■

企業の３つの活動　資金表　運転資金と設備資金　貨幣の時間価値

1. 企業と財務の関係性

　私たちが現代的な生活を行い、維持するためには、企業という組織を抜きにして語れません。例えば、生活で困ったことを解決したり、生活自体を楽しんだりするためには、企業が提供する商品やサービスを購入することで実現できます。また、それらを購入するための資金は、私たちが企業に勤めること

で得る所得から充当します。このように、企業という組織は、私たちが生きて
いくうえで欠かすことのできない存在です。しかし、一口に企業といっても
その形態はさまざまです。パンを販売するにしても、個人で営むパン屋から、
全国展開しているパン屋までその形態には幅があります。パンを販売するに
は、小麦粉や牛乳、卵といった原材料を仕入れ、生地を作り、オーブンで焼い
て完成したパンを販売します。このような大まかな工程は企業の形態にかか
わらずほとんど同じです。しかし、そのやり方は大きく異なります。

　個人で営むパン屋であれば、主人がひとりで、あるいはパートやアルバイ
トを数人雇って原材料を調達し、自分たちで作り、顧客に販売します。一方、
全国展開しているパン屋では、原材料は本部が一括管理、各店舗は必要な分
だけその都度本部（あるいは本部が契約している外部業者）に発注、自分たち
で作り、顧客に販売します。本部が一括管理する理由は、大量仕入れによる大
幅な値引き交渉ができるからです。原材料費が安くすむと、その分利益が増
えるため、企業は儲かります。また、パンを作る工程では、自分たちで作るだ
けでなく、場合によっては外部業者に委託をして作ってもらうという方法も
あります。他にも大量のパンを作るために、機械化されたベルトコンベアー
によって流れ作業で行われたりします。

　どちらも同じパンをつくるものの、資金をかけるところや、それにかかる
資金の額は異なります。また、企業の成長ステージによっても資金のかけ方
は異なります。設立時には個人の貯金や親族からの援助、友人からの借入、銀
行からの創業資金借入で調達しますが、企業が大きく成長するにつれ、銀行
からの借入だけでなく、投資による調達も検討できるようになります。さら
に大きく企業が成長し、証券取引所に上場すると自社の株式を売買すること
で資金調達をすることができるようになります。

　しかし、借入や投資といった資金調達をするためには、間違いなく返済で
きるという計画を練る必要があります。その計画は具体的かつ精緻に作られ、
現実的かどうかで評価されます。もっとも説得力があるのは、これまでの実
績であることから、毎日仕入れと売上の帳簿をつけ、その日の実績を記して
おくことが大切です。

　これらを整理すると、企業に共通していることは①お金を集める、②投資をする、③利益を上げるという 3 つの基本的な活動を繰り返すということです。（図表 11-1 参照）。この 3 つの基本的な活動を永続するため、企業は必要な資金計画を立案し、予算・資金管理を行いながら、調達し、残った資金を運用、活用することで資金不足を回避しながら事業を発展させていきます。そして、この役割を担うのが財務です。

図表 11-1　企業の 3 つの活動

```
お金を集める → 投資する → 利益を上げる
```

出典：筆者作成

2.　資金の流れ

（1）「資金」とは

　企業では、**資金繰り**という言葉がよく使われます。これは、1 年間でどれだけ儲かったのか、あるいは損をしたのかという年間の経営成績ではなく、毎日の企業活動のなかにおける繰り返される現金の入金、出金の動き、つまり、資金の動きを管理することです。これを**資金収支**ともよびます。また、企業活動における資金とは現金だけを指すものではありません。銀行口座に預けてある普通預金や当座預金、満期まで短い期間の定期預金、手形は「現金同等物」とよばれ、これに含まれます。これは、アメリカやイギリスなどで 1980 年代後半から 1990 年代初頭にかけて作成が制度化されたキャッシュフローという考え方で、ある時点の 1 年間の現金同等物の収支結果を表します。なお、日本においては 2000 年 3 月期から上場企業で**キャッシュフロー計算書**（詳細は第 12 章を参照）の作成が義務づけられました。

（2）資金表の種類

　資金面について計画的な管理をするため、企業は資金表を作ります。これは、資金繰りを把握するだけでなく、機動的な計画修正と対応ができる体制を用意するためには欠かせません。日次や週次、月次、年次といった期間を区切った管理データを作成したり、計画的な資金の入出金だけでなく、取引先の入金が遅れた場合や急な出費が発生した場合といったさまざまな前提条件を置きながらシミュレーションを繰り返したりすることで、資金の効率的な調達や活用を目指します。そうしたものを「見える化」するのが**資金表**です。資金表は、金融機関から借入をする際に必要な書類になります。

　資金表は**資金繰り表、資金移動表、資金運用表**の 3 つがあります。資金繰り表は、日々の資金の残高を把握することを目的とします。資金移動表は、一定期間の資金の入金と出金を把握することを目的とします。資金運用表は、年単位の資金の動きを把握することを目的とします。これらはそれぞれ使われる目的が異なることから、その内容も少しずつ異なりますが、予算といわれる計画値と実際の活動結果である実績値を比較しながら適宜修正し事業活動を進めるという点は共通しています。また、これらが連動するように作成することが重要です。

　本書では、3 つの資金表の中から、企業が日常的に活用するデータの資金繰り表を例に実際の資金管理をみてみます。図表 11-2 は、実際の資金繰り表の書式（3 区分方式）です。資金繰り表は、経常的な企業活動にともなう資金収支をみる項目の経常収支、ベルトコンベアーのような設備を購入したり売却したりする際に計上する設備投資関連の収支、借入金や手形の割引などの財務関係の収支をみる項目の 3 つに区分されています。これらを加減することで月末の現金預金残高を管理します。なお、この資金繰り表の経常収支をみると、売上金の代金（回収分と受取手形の現金化など）が収入項目に、仕入代金の支払いが支出項目の中心となっているものを直接法とよびます。一方、キャッシュフロー計算書のように、年間の純利益に減価償却費を足し戻し、諸々の調整を加えた営業キャッシュフローから現状を把握する方法を間接法とよびます。

図表 11－2 「資金繰り表」の事例

（自 2××2年 4月1日 至 2××3年 3月31日）

（単位：百万円）

				4月	5月	6月		合計
		売上高		300.0	230.0	305.0		835.0
		仕入・外注費		150.0	130.0	170.0		450.0
		前期繰越現金・当座預金（A）		61.0	166.0	168.0		
経常収支	収入	売上代金	現　金　売　上	20.0	15.0	30.0		65.0
			売掛金現金回収	240.0	230.0	250.0		720.0
			手　形　期　日　落	60.0	55.0	60.0		175.0
			手　形　割　引	30.0	40.0	30.0		100.0
		そ　の　他　収　入		5.0	4.0	4.0		13.0
		計（B）		355.0	344.0	374.0		1,073.0
	支出	仕入・外注費	現　金　仕　入	50.0	40.0	55.0		145.0
			買掛金現金支払	30.0	27.0	36.0		93.0
			手　形　決　済	100.0	86.0	92.0		278.0
		経費	賃　金　給　与	60.0	60.0	60.0		180.0
			支払利息・割引料	20.0	21.0	20.0		61.0
			上　記　以　外　の　経　費	40.0	50.0	45.0		135.0
		仕入・外注費、経費以外の支出		15.0	13.0	20.0		48.0
		計（C）		315.0	297.0	328.0		940.0
		差引過不足（D＝B-C）		40.0	47.0	46.0		133.0
設備等の収支	収入	設備の売却収入		0.0	20.0	0.0		
	支出	設備代金の支払い		0.0	70.0	0.0		
		収支（E）		0.0	-50.0	0.0		
財務関係の収支	収入	短期借入金		10.0	20.0	10.0		40.0
		長期借入金		70.0	0.0	0.0		70.0
		計（F）		80.0	20.0	10.0		110.0
	支出	短期借入金		5.0	5.0	5.0		15.0
		長期借入金		10.0	10.0	10.0		30.0
		計（G）		15.0	15.0	15.0		45.0
		収支（H＝F-G）		65.0	5.0	-5.0		65.0
		翌月繰越現金・当座預金（I＝A＋D＋E＋H）		166.0	168.0	209.0		

出典：筆者作成

（3）運転資金と設備資金

　企業活動における資金の流れは、「日常的に生じる資金の動き」と「設備投資の資金や借入金などに関する資金の動き」の 2 つに大別できます。例えば、製造業の場合、日常的な資金の動きは、社員の人件費、原材料の購入費、光熱費など製品を製造するのに日常的にかかる資金のことで、これらを使って製品を製造します。企業は完成した製品に利益を付加して販売すると、現金は増加して企業に還流します。この取引が現金であれば**現金売上**、売上が 3 カ月後に入金されるという掛け取引であれば**売掛金**となります。その場合、売掛金が回収される 3 カ月後まで現金は会社に入ってきません。しかし、人件費や光熱費は毎月支払いが発生するため、資金の入出金にズレが生じます。このように一時的に資金が不足するときに、企業は銀行などから資金を借り入れて対応することがあります。この借入金を**つなぎ資金**、あるいは**運転資金**といいます。

　なお、運転資金は、飲食業のように原則発生しないとみなされる業種もあります。これは、例えばランチを食べたサラリーマンは、食事代をその場で現金で支払う、つまり売掛金が発生しないため資金の入出金のズレは生じないと考えられているからです。

　一方、設備投資の資金や借入金などに関する資金の動きは、より効率的に製造することを目的に、新しい設備に多額の資金を要するものの、設置時期や購入代金の支払日はあらかじめ計画できることから、事前に資金の出金日はわかります。日々の資金計画や財務管理のなかで、事前に資金の準備を進めておくことで、予期せぬ借入金利の負担の上昇を抑えることができます。このような性質の資金を**設備資金**といいます。

　設備などの固定資産は、長期間にわたる製造過程を通過するごとに、固定資産の一部が失われていくようなものです。実際、生産設備は投資した段階で現金支出が行われますが、会計上は投資支出額を一度に計上するのではなく、何年かに分けて、ある一定期間に按分して計上します。これを**減価償却**といい、製造原価の一部を構成しています。もし減価償却がなければ、高額なものを購入した際、購入費用をその年に一括計上してしまうと、それまで利益

が出ていた黒字経営が、急に赤字になる場合がでてきて、銀行から融資を打ち切られてしまう可能性があるからです。

3. 資金調達

（1）金融の仕組み

　企業資金の源泉は大きく内部資金と外部資金に分けられます。内部資金とは、営業活動などを通じて生み出された資金のことです。一方、外部資金は、企業の外部から調達される資金のことで、主に金融機関から調達をします。その手段は基本的に借入金、社債、株式の3つがあります。近年は、不特定多数の人々から資金を調達するクラウドファンディングという方法もありますが、本書では取り扱いません。

図表11-3　金融の仕組み

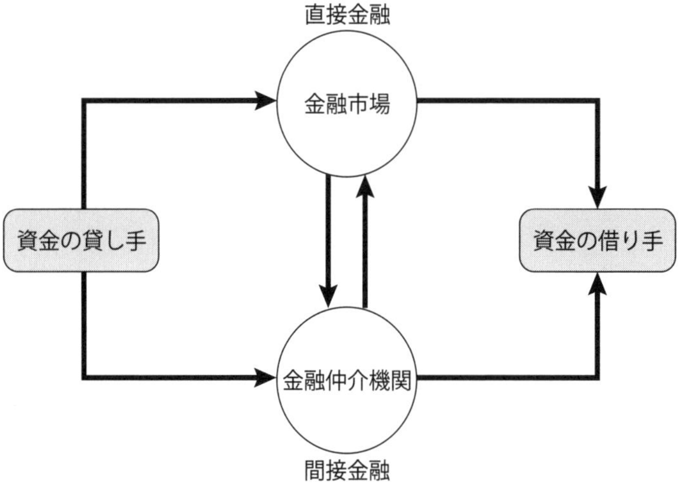

出典：ボディ、マートン(2001、p.33)をもとに筆者一部加筆

　資金は基本的には余っているところから不足しているところに流れていき

ます。貸し手は直接金融とよばれる金融市場、あるいは間接金融とよばれる
金融仲介機関を介して借り手の元へと還流します。

（2）間接金融

　現在の最大の資金の貸し手は、私たち個人の家計です。一方、資金の借り手
は企業です。私たちが銀行に預けた預金が、銀行を介して企業に貸し付けら
れます。企業は、銀行という金融仲介機関を通じて資金調達を行うことから
間接金融といいます。通常、企業が借入する場合、銀行と相対で資金使途、借
入金額、金利、借入期間などを決定します。資金使途が運転資金であれば、1
年以内の償還が求められる**短期借入金**、設備資金であれば、償還期限が 1 年
超の**長期借入金**になります。しかし、実際は運転資金でも返済期間 1 年超の
場合もあります。また、短期借入金の返済期日に同額の借入を行い、事実上の
借入期間の延長を行うことをロールオーバーといいます。

　金融機関からの借入には、証書借入、手形割引、当座借越などがあります。
証書借入とは、必要に応じて企業が金融機関に借入証書を作成して借入をす
る方法です。手形割引は、企業が所有する満期前の手形を、満期までの利息分
を差し引かれた形で金融機関に買い取ってもらい、資金を借り入れる方法で
す。手形は、将来の特定日に支払うことを約束して振り出されます。期日に手
形を決済できない場合は、不渡りとなり、6 カ月以内に 2 回不渡りを出すと銀
行取引停止処分となり企業は倒産に追い込まれることから、最優先で決済す
ることになります。手形は将来的に廃止の方針で検討されています。当座借
越は金融機関に当座預金口座をもつ企業が、その預金残高以上の小切手を振
り出すことができることです。企業は当座借越限度枠内であればいつでも低
金利で借入れが可能です。

（3）直接金融

　一方、企業が発行した社債や株式を金融市場などから直接購入する金融形
態を**直接金融**といいます。金融市場の代表的なものに、企業の株式を中心と
する有価証券が売買される東京証券取引所があります。東京証券取引所は流通
市場、企業が有価証券を発行して資金調達を行う市場を発行市場といいます。

　東京証券取引所などの株式流通市場は、上場銘柄のオークション取引が行われています。オークション取引とは、多くの売り手と買い手が同一の場所に集まって競り合いながら価格を形成する方法です。買い手は、株式を購入することで株主になります。株主の権利は利益配当請求権、議決権、残余財産分配請求権があります。利益配当請求権は、株主が所有する株式数に応じて配当を受ける権利です。議決権は、原則1年に一度開かれる株主総会に参加して、経営に関する重要な案件を決議する権利です。残余財産分配請求権は、会社が解散するときに残った利益を受け取る権利です。株主は、これらの権利を主張することができます。株式は普通株と優先株があります。普通株は議決権や配当請求権が付与されている株式、優先株は議決権がない場合があるものの、普通株よりも優先して配当を受け取る権利を有します。

　社債は企業が発行する長期的な負債であり、金融市場の発行市場で資金調達されます。社債の購入者は満期まで利息を受け取ることができます。また、社債は新株予約権付社債があります。新株予約権付社債とは社債権者が新株予約権を行使することによって発行企業の株式を購入できる権利をもつ社債です。つまり社債と株式の中間的な資金調達手段です。

　株式と社債の違いは満期日の有無です。株式は満期日がなく、社債は満期日があります。また、株式は企業に利益があると配当を株主に分配しますが、社債は利益のあるなしに関わらず利息を支払わなければなりません。資金回収リスクは、株主よりも債権者が優先されるので、社債の方がリスクは低く、期待収益率も低いです。企業が多くの利益が出た場合でも、社債権者は利息分しか受け取ることはできませんが、株主はすべてのコストを差し引いた残余利益を配当や株価上昇という形で受け取ることができます（図表11-4参照）。また、企業の資金調達先としてもう1つ、ベンチャーキャピタルからの投資というものがあります。

　企業に投資をするベンチャーキャピタルは、将来性が高く上場する可能性がある中小・中堅企業に対して株式を引き受けることで資金を支援し、経営上の助言や取引先の紹介などを行う金融機関です。ベンチャーキャピタルは企業が社会から注目される前に資金を投資し、投資先企業が成長することで

企業価値を上げ、将来的に企業を上場させることで株式の売却利益を確定、投資金額の数十倍から数百倍の利益を得ることを目的とします。

図表 11 − 4　社債と株式の比較

項目	社債	株式
満期日	あり	なし
残余利益の還元方法	利息	配当
企業業績の恩恵	なし	株価に反映
資金回収の優先順位	先	後
期待収益率	低い	高い

出典：筆者作成

4.　財務的意思決定

　企業が資金調達をする場合、調達するコストあるいは使用料を**資本コスト**といいます。例えば、銀行からの借入金や社債発行の場合、金利が資本コストになります。株式発行の場合は、その会社に出資する株主のリスクに応じた期待収益率が資本コストになります。株主は会社の業績が好調であれば配当を多く受け取れ、株価上昇の恩恵が受けられる反面、業績が悪いと配当がもらえないだけでなく株価も下落します。その際、購入株価よりも下がってしまえば含み損となってしまいます。万が一、会社が倒産した場合は、株価はゼロ、投資金額もゼロになる可能性があることからリスクは高く、金利分以上の収益率を期待することになります。したがって、株式の資本コストは社債や銀行の借入よりも高くなります。

　企業は資本コストを上回る利益が見込めることを前提に資金調達をします。それでは、どのような考え方に基づいて資金調達の意思決定をするのでしょう。それは、**貨幣の時間価値**を考慮しなければなりません。貨幣の時間価値とは、今日投資すれば直ちに利子を得ることができるので、今日の 100 円は明日の 100 円より価値があるという考えです。つまり、現在と将来の金額は同等ではないということです。例えば、商店街の店主が店を閉店し、その場所に

マンションを建てて不動産賃貸業に業種転換する計画をもっているとします。この計画は初期投資に1億円かかり、1年後から毎年100万円の賃料収入が見込めるとします。このときの年間利回りは1%です。一方、預金金利が3%だった場合、1億円を預金口座に預けると1年後には300万円が得られます。賃料収入と預金金利のリターンを比較すると、店主は1億円を不動産投資ではなく銀行口座に預けるでしょう。なぜなら、預金すれば1年後には300万円が確実に得られるからです。では1年後に100万円をもらうためには、預金金利3%の下、いくら銀行に預ければよいかを考えてみると、およそ9,805万円です。これは、次の式で計算できます。

　　将来価値 ÷(1＋割引率)＝ 現在価値
　　10,100万円 ÷(1＋0.03%)＝ 9,805万円（万円以下切り捨て）

　現在、銀行に9,805万円を預けると、1年後には10,100万円になるため、貨幣の時間価値を考慮すれば、現在の10,100万円は同じ価値をもつといえます。

　このとき、9,805万円を1年後の10,100万円の**現在価値**といい、10,100万円を現在の9,805万円の1年後の**将来価値**といいます。また将来価値を現在の時点の換算価値である現在価値に戻す利率のことを**割引率**といいます。この割引率は、店主から見れば期待収益率のことを意味し、また資金を調達する企業からみれば資本コストになります。

　企業は、当然この資本コストを上回る事業活動を行う財務的意思決定をしなければなりません。

■■コラム■■

2022年の東京証券取引所再編

　東京証券取引所（以下、東証という）は 2022 年 4 月に、これまでの東証 1 部、2 部、マザーズ、ジャスダックの市場区分を「プライム」、「スタンダード」、「グロース」の 3 市場に再編することになりました。日本取引所グループが示す 2022 年 1 月 5 日付の上場会社数の合計は 3,824 社です。今回の再編は、日本における大企業の枠組みが、新たな枠組みで括られるという大きなできごとではないでしょうか。では、このような大掛かりな再編の目的は何でしょう。それは、市場再編によって企業の成長を促すことで、国際金融市場における東証の魅力が増し、海外投資マネーを呼び込むことが目的です。

　プライムは、グローバルな資金調達を目的に東証 1 部よりも上場基準を厳しくし、企業の質を高めます。その基準項目は、流動性、ガバナンス、経営成績・財政状態です。2022 年 1 月、東証 1 部の 300 社近くがその基準を満たしていないことからも、最上位であるプライムの上場基準の厳しさがうかがえます。スタンダードは、公開企業に相応しい要件が整っている企業で、基準はプライム市場と同じであるものの、その数値は緩やかになっています。グロースは、相対的に小規模の上場企業を念頭に、高い成長可能性を実現することを目的とする事業計画、流動性、ガバナンスが基準となっており、経営成績・財政状態は問われません。

　東証は、前身の東京株式取引所が設立されてから 2018 年で 140 周年を迎えました。証券取引所は、株式市場を通じて上場会社と投資家をつなぐ重要な役割を担っています。会社が投資家から集めたお金は返済義務のない資金調達として事業運営に費やすことができます。一方、投資家は会社が発行した株式を取得し、株式の価格、つまり株価が上がったときに株式を売却することで売却益を得ることができます。それぞれの思惑があるなかで、上場会社の株価は、市場における投資家同士の需要と供給によって決定されます。

また、市場で売買される複数の会社の株価を基に算出した値は株価指数といわれ、我が国の代表的なものに東証株価指数（TOPIX）や日経平均株価（日経225）があります。

2022年4月の東証再編にともない、現時点ではプライムの基準を満たさないものの経過措置を使ってプライムに残る企業は約290社にのぼります。一方、スタンダードに移行することを決めた企業もいます。仏壇・仏具大手の「はせがわ」は、海外株主比率は1％前後、顧客は国内で海外展開する計画もないことから、グローバルな資金調達は不要との判断に至ったのです。他にも、新潟県を中心に店舗展開している大光銀行は、地域密着を徹底する経営方針であることからスタンダード市場が妥当と判断しています。

このように、上場企業は東証再編による各市場のコンセプトを十分に理解したうえで、自社の経営方針に合った市場への移行を選択し、資金調達の1つの手段としてこの直接金融を活用していくことでしょう。

参考：

大光銀行ホームページ　https://www.taikobank.jp/　（2022年1月6日参照）

日本取引所グループホームページ　https://www.jpx.co.jp/corporate/　（2022年1月6日参照）

「東証、1部でも最上位プライム断念相次ぐ 来春の新市場再編」朝日新聞 DIGITAL 2021.12.9　https://www.asahi.com/articles/ASPD94TBPPD2ULFA01K.html　（2022年1月6日参照）

「東証1部の9割「プライム」移行　絞り込みは小幅」　日本経済新聞　2021.12.28 https://www.nikkei.com/article/DGXZQOUC270LD0X21C21A2000000/　（2022年1月6日参照）

＜ ディスカッション課題 ＞

① あなたが財務管理の責任者だったら、安定した企業活動を行うために、資金繰り表のどこに注目するか説明してみよう。

② 東京証券取引所に上場している株価が好調な業界、あるいは企業をあげ、好調な理由を考えてみよう。

③ 銀行から金利3%で100万円を調達し、空き地に駐車場をつくろうと考えています。1年後の将来価値はいくらか計算してください。

第12章　財務報告と企業監査

◆◆ サマリー ◆◆

　財務報告とは、企業の経営活動と経営成績を財務諸表やその他の手段によって外部の人たちに伝達する行為です。その基本となるのが財務三表といわれる貸借対照表、損益計算書、キャッシュフロー計算書です。本章では、この財務三表の基本形を概観します。また外部の人たちが知り得る情報は正しく信頼できることが前提です。その担保となるのが適切にチェックを行ったという監査人が監査の証として発行する監査報告書です。監査報告書は発行することが目的ではありません。企業監査は、財務報告書は実態に合って表示されているか、内部統制機能は働いているかということを確認するのが目的です。

　本章は企業会計とは何かについて触れたのち、財務三表と、企業監査についての基本的な考え方やその仕組みについて学習します。

■ キーワード ■

企業会計　貸借対照表　損益計算書　キャッシュフロー計算書　企業監査

1. 企業会計とは何か

（1）企業会計の意義

　企業会計とは、ひと言でいうと会社の運営状況と活動成果を説明することです。なぜ説明が必要かというと、上場企業のように、企業を立ち上げるときに出資した者と、企業を運営する者は別人の場合があるからです。

　例えば、企業形態のひとつに株式会社があります。**株式会社**とは、株式を発行することで資金を集め、それを元手に事業活動をして利益を獲得することを目的とする法人です。この場合、出資した者を株主、経営する代表者を代表取締役といいます。図表 12-1 のように、この関係は、企業の所有と経営が分離しているという特徴をもっています（第 1 章を参照）。企業は株式という形で企業に出資した株主のものであり、代表取締役は企業の所有者である株主から経営を依頼された代理人という関係になります。

図表 12-1　株式会社の所有と経営の関係

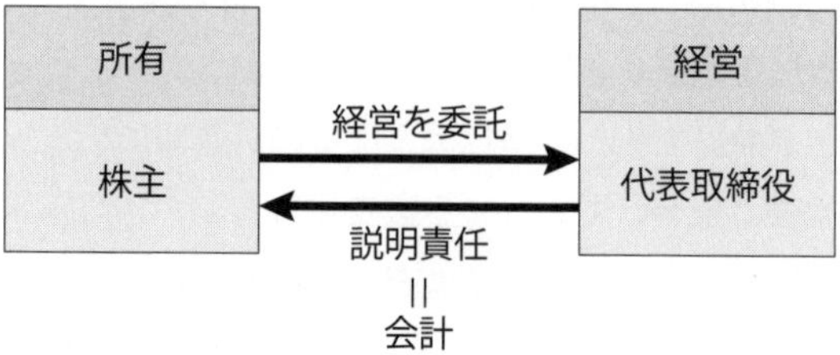

出典：筆者作成

　よって代表取締役を筆頭とする経営陣は、株主に対して経営活動の正確な実績について説明する義務があるのです。英語では会計をアカウンティング（accounting）、説明責任をアカウンタビリティ（accountability）といいます。欧米では、株主から経営を任されている代表取締役は、企業価値を高めることができなければ結果責任を果たしていないとみなされます。結果が出ていないということは説明責任も果たせないということで株主から厳しい追及にあい、役職を退任させられることもあります。

（2）財務会計と管理会計

　企業会計は、その用途と性質により大きく 2 つに分類されます。1 つは、外部向けに正確な実態を伝えることを目的とする財務会計、もう 1 つは、将来の経営活動に活かすために、企業内部で活用することを目的とする管理会計です。

財務会計でいうところの外部向けとは、株主、債権者、取引先、従業員のことを指します。財務会計は、この外部利害関係者に対して経営実績を報告することを目的とした会計です。会計原則に基づいて貸借対照表、損益計算書、キャッシュフロー計算書を作成、他に営業報告書と利益処分案といった計算書類ならびに付属明細書を合わせて取締役会に上程、承認を受けたのち、監査役の監査を受けます。そして最後に、株主総会で株主の承認を受けて情報開示がなされます。この報告書は、会社法や商法をはじめとする各種法律に基づいて作成され、開示が義務づけられています。

管理会計は、企業内部の経営管理に携わる関係者に対して、意思決定の判断に役立つ情報を提供し、経営に役立てることを目的とした会計です。具体的には、第11章で概説したように、事業戦略の立案や商品サービスの開発・見直し、資金繰りや利益計画、業績評価などに利用します。

2. 財務三表

財務三表とは、財務諸表の基礎的な構成のうち、「貸借対照表」「損益計算書」「キャッシュフロー計算書」の3つを指します。

（1）貸借対照表

貸借対照表とは、ある一時点の会社の財政状況を表した報告書です。貸借対照表の書式は法律で定められており、それに沿う形で作成する必要があります。貸借対照表は、図表12-2のように、左側に資産の部、右側に負債の部と純資産の部で構成されます。企業運営に必要な資金調達の原資を負債の部と純資産の部で表示し、その調達したものをどのように保有・運用したかを資産の部で表示します。左側の資産の部と右側の負債・純資産の部を比較して合計金額が同じになる、つまりバランスしているということで**バランスシート**（balance sheet：B/S）ともいわれます。

資産とは将来企業に収益をもたらすことが期待されているものをいいます。資産の部は大きく流動資産、固定資産、繰延資産からなります。原則、1年以内に現金化できるものを流動資産、換金するのにそれ以上の期間がかかるも

のを固定資産に区分します。また、上記いずれにも属さないものを繰延資産に分けます。

負債の部に記載されるのは、いずれ支払う必要があるマイナスの財産で、負債といわれます。負債も資産と同様に、決算日の翌日から起算して 1 年以内に支払期限が到来するかどうかで流動負債と固定負債に区別するという 1 年基準が設けられています。

純資産の部は、株主が出資する資本金や、過去の純利益の合計額が記載され、自己資本ともよばれます。自己資本は、返済義務のない資金調達になります。

図表 12－2 貸借対照表

〇〇年〇月〇日現在

(単位：百万円)

Ⅰ．資産の部	Ⅱ．負債の部
1．流動資産 　現金預金 　売掛金 　受取手形 　××× 　×××	1．流動負債 　支払手形 　短期借入金 　××× 2．固定負債 　長期借入金 　×××
2．固定資産 　土地 　建物 　××× 　×××	負債合計
××× 3．繰延資産 　開業費 　××× 　×××	Ⅲ．純資産の部 　1．株主資本金 　2．評価・換算差額等 　3．新株予約権
	純資産合計
資産合計	負債純資産合計

出典：筆者作成

貸借対照表は、原則流動性が高い順番で項目が並びます。したがって、現金

化の早い順番に項目を並べます。例えば、顧客がスマートフォンを買うとき
に現金決済すると、家電量販店はスマートフォンと引き換えにその場で売上
代金が計上されます。ところが、顧客が現金ではなくクレジットカードで決
済すると、スマートフォンは顧客に渡っても、家電量販店への支払いには一
定の時間を要します。この入金までのズレのことを掛けといい、顧客から入
金されるまでの掛けのことを売掛金といい、逆に買う方からみると買掛金と
いいます。この場合、現金化の早い順番に項目を並べると、現金、売掛金とい
う順番になります。これを流動性配列法といいます。一方、電気業やガス業な
ど固定資産や固定負債の占める割合が高い事業においては固定性の高いもの
から順に項目を並べます。これを固定性配列法といいます。いずれもその企
業における重要な資産負債は何かという点がポイントです。

　最後に、企業によって貸借対照表は、「Ⅱ. 負債の部」と「Ⅲ. 純資産の部」
が「Ⅰ. 資産の部」の下に連なる形で報告されることがあります。形式の違い
に驚かないようにしましょう。

（2）損益計算書

　損益計算書は、企業の 1 会計期間の経営成績を表します。ここでいう会計
期間は営業年度や事業年度ともいわれ、その期間は企業が自由に決定するこ
とができるものの、1 年を超えることはできません。つまり、損益計算書とは、
過去1年間にわたって企業がどれだけ利益を生んできたかを示す報告書です。
図表 12-3 に示すように、損益計算書は大きく収益、費用、利益から構成され
ており、英語の「Profit and Loss Statement：P/L」から P/L ともよばれます。

　収益は、商品やサービスの販売といった本業による売上高、本業以外の営
業外収益、特別利益があります。営業外収益は、本業以外の活動で、例えば受
取利息、受取配当金、有価証券などがあります。特別利益は、通常の営業活動
では発生しないような臨時の利益のことで、例えば不動産などの固定資産売
却による一過性の利益が該当します。

　費用は、売上原価、販売費及び一般管理費、営業外費用、特別損失がありま
す。売上原価は、商品を仕入たり、製造するときにかかる原材料費といった費
用のことです。販売費及び一般管理費は、売上原価以外にかかる費用で、販売

手数料や広告宣伝費などが販売費に該当し、一般管理費は間接部門の人件費、減価償却費、租税公課、交際費、旅費交通費などからなります。なお間接部門とは、総務部や人事部といった直接利益を生まない部門のことです。営業外費用は、本業以外の活動から生じる費用のことで、支払利息や社債利息などがあります。特別損失は、会社の通常の活動では発生しない臨時の損失のことで、固定資産除却損や株式の売却損、自然災害による損失など一過性のものがあげられます。

図表 12 - 3　損益計算書

〇〇年〇月〇日から〇〇年〇月〇日まで

(単位：百万円)

科目	金額
売上高	100
売上原価	30
売上総利益	70
販売費及び一般管理費	40
営業利益	30
営業外収益	10
営業外費用	5
経常利益	35
特別利益	5
特別損失	5
税引前当期純利益	35
法人税等	12
当期純利益	23

出典：筆者作成

　利益は、売上総利益、営業利益、経常利益、税引前当期純利益、当期純利益があります。売上総利益は、売上高－売上原価で求められ、粗利ともよばれます。そして、売上総利益－販売費及び一般管理費が営業利益になります。営業利益は、本業の稼ぐ力がどれだけあるかを図る指標でとても重要です。例えばトヨタ自動車は、本業の自動車製造によって儲けた利益がどれくらいかと

いうことが営業利益で把握することができます。経常利益は、本業による営業活動と本業以外の財務活動を合わせて 1 年間でどれくらいの利益が出たかを示します。経常利益は、営業利益＋営業外収益－営業外費用で求めます。経常利益で利益が出ていても、本業が営業赤字の場合は事業活動が正常に機能していない場合があるので注意が必要です。そのため、欧米では経常利益よりも営業利益を重視します。経常利益＋特別利益－特別損失が税引前当期純利益です。この税引前当期純利益に法人税等が引かれて、当該年度の最終的な利益である当期純利益になります。

（3）キャッシュフロー計算書

　キャッシュフロー計算書（cash flow：C/F）とは、一会計期間の企業の現金の入金と出金の流れを表示する財務諸表です。当然ですが、企業はさまざまな商取引に際し、現金の入出金が発生します。また商取引のみならず銀行からの借入も現金が動きます。このような現金の流れを重視する報告書の意義は、現金の流れという比較的単純な把握方法で数字の操作がしにくいことから不正会計を防ぐことができます。このキャッシュフロー重視の経営を「キャッシュフロー経営」といい、近年では重視される考え方です。なお、以下ではキャッシュフローを CF と略称します。CF 計算書におけるキャッシュとは「現金及び現金同等物」のことを指します。現金は、法定通貨である紙幣や硬貨のことです。現金同等物は、普通預金や当座預金などの企業がいつでも出し入れできる預金、預金期間が 3 カ月以内の定期預金、リスクが僅少な投資等その他の現金同等物からなります。

　企業活動は営業活動、投資活動、財務活動という大きく 3 つの区分に分けることができます。CF 計算書は、図表 12-4 のように営業活動による CF、投資活動による CF、財務活動による CF の 3 区分の収支で構成されます。営業CF は 1 年間の経常的な事業活動から創出されるキャッシュです。CF 計算書のなかで最も基本的で重要な項目です。通常、事業活動からキャッシュが生まれることから、この項目はプラスの金額になることが多いです。企業はこの金額を原資にさまざまな使途に資金を使うことができます。したがって、仮に営業 CF が恒常的にマイナス金額になっている企業があれば、それは倒

産の危機にある可能性があると考えることもできます。

図表 12 - 4　キャッシュフロー計算書

〇〇年〇月〇日から〇〇年〇月〇日まで

(単位：百万円)

区分	金額
Ⅰ. 営業活動による CF	
税引前当期純利益	××××
減価償却費	××××
売上債権の増加	××
棚卸資産の増加	××
仕入債務の増加	××
法人税等の支払い	×
営業活動による CF	××××
Ⅱ. 投資活動による CF	
固定資産の所得による支出	××××
固定資産の売却による収入	××××
有価証券の取得による支出	××
有価証券の売却による収入	××
投資活動による CF	××××
Ⅲ. 財務活動による CF	
借入金の増減額	××××
配当金の支払い額	×
財務活動による CF	××××
Ⅳ. 現金及び現金同等物の増加額	××××
Ⅴ. 現金及び現金同等物の期首残高	××××
Ⅵ. 現金及び現金同等物の期末残高	××××

出典：筆者作成

　投資 CF は、設備投資や有価証券の資金投入や回収の動きが表示されます。また企業買収すると、投資 CF の項目にマイナス計上されます。マイナス計上されるのは、投資のために現金を支出したからです。したがって、通常、投資

CF の収支結果はマイナス表示になることが多いです。

　財務 CF は、財務活動による現金の動きを示します。長短借入金による資金調達と返済、社債などの債権発行による資金調達と償還、現金による配当金の支払いなどが該当します。資金調達は現金が入るのでプラス、返済や償還は企業から現金が流出するのでマイナス項目になります。財務 CF は、企業が毎年の資金の動きをみながら安定的で大きな変動が起こらないよう CF 計算書の最終的な調整箇所でもあります。そのため、この収支は年によってプラスになったりマイナスになったりします。

　営業 CF から投資 CF を差し引いた残金が、会社が自由に使える資金のフリーキャッシュフローです。フリーキャッシュフローがプラスになると、新規事業への投資や借入金の返済、株主への配当、貯蓄など事業拡大や財務体質の改善に現金をあてることができ、選択肢のある余裕をもった経営が可能になります。反対に、フリーキャッシュフローがマイナスの場合、資産売却や借入によって会社の資金繰りを対応していく必要があります。

（4）財務三表の関連性

　財務三表の B/S、P/L、C/F はそれぞれ独立したものではなく、相互に密接に関係しています。図表 12-5 に示すように、P/L の最終利益である当期純利益は、その一部が配当金として株主に支払われた後、残りの部分は B/S の株主資本のなかの利益剰余金に繰り入れられます。

　また税引前当期純利益は、C/F の営業活動による CF に繰り入れられます。一方、C/F の現金及び現金同等物の期末残高は、B/S の資産の部の現金預金に繰り入れられます。このように、財務三表は結びついているのです。

図表12-5　財務三表の関連性

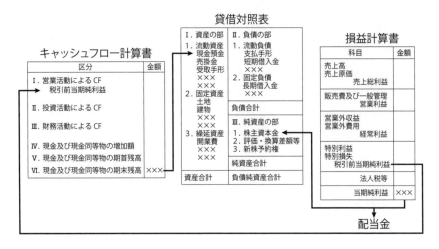

出典：筆者作成

3. 企業監査

（1）企業監査の意義

　財務報告上では好決算だった企業が、ある日突然倒産する出来事を新聞で取りざたされるたびに、企業監査は注目を集めます。監査を行った監査法人は、企業が公表する財務諸表を適切にチェックしていたのか、企業と監査人との間に癒着はなかったのかといった問題がクローズアップされます。投資家は、企業監査がしっかりと行われていることを前提に、財務三表から読み取れる情報をもとに企業分析をし、資金を融通します。したがって、監査が適切に行われていないと、企業の社会に対する信用は崩れ、社会に大きな影響を与えることにつながります。つまり、企業監査は企業が作成した財務三表についてある一定水準の保証を与えているのです。

（2）企業監査の役割

　企業監査は、会社の財務状態が、その実態通りに適正に報告書に表示され

ているかどうかを確かめることが役目であり、会計監査といいます。会計監査は、監査人が監査の結果として監査報告書を発行します。その際、監査人は財務諸表が適正であるかどうかについての意見表明をします。企業の財務諸表の適正性については、その実態を最もよく知っている当事者の企業が作成責任を、監査人が適正性についての意見表明に関しての責任を負います。これを二重責任の原則といいます。監査人は、財務諸表を監査する過程で誤りなどを発見し、その修正を企業に要求しますが、それを受け入れるかどうかは経営者の判断であり、財務諸表を修正する責任は企業側にあります。

　監査は、企業から委託を受けて企業の作成した財務諸表が適正であるかどうかについて意見表明を行うことです。外部の監査人である公認会計士や監査法人は企業から報酬を受けて監査をするものの、その本来の目的は投資家を保護することにあります。したがって、その本来の目的を達成するためには、監査報酬を貰っている企業の誤った財務諸表を適正であると意見表明しないよう監査人の独立性が担保される必要があるのです。監査報酬を貰っている手前、本当に独立性を保ち続けることができるのかという疑問が残ります。しかし、監査報酬は監査契約先から貰うという現行の契約の下では、他に実施方法がないのも事実です。したがって、監査人に監査契約先との間に過度の経済的な偏りがないことを要求することで、現行システムが認容されているのです。

　監査の目的は、財務諸表が適正かどうかの意見を表明することだけではありません。企業が内部統制を構築・維持・強化するために、企業内部の運用の仕組みも重要です。これを業務監査といい、財務報告の信頼性を確保し、経営の有効性と効率性を高め、事業に関わる法規順守をうながすことがその目的です。日常的に行われる商取引が会計帳簿に都度適切に記帳され、年度末にそれらの取引を反映し適切に作成される仕組みが有効に運用される必要があるのです。内部統制が良好に機能していれば、一度に行う監査の範囲を狭めることができ、適切な評価を実施しやすくなるのです。

（３）監査の種類
　監査には法定監査と任意監査があります。法定監査は、証券取引法や会社

法などで義務づけられている監査で、主に上場企業や資本金が 5 億円以上また
は負債総額が 200 億円以上の株式会社や学校法人、銀行などが対象です。
任意監査は、法律上の強制ではなく、監査の目的・内容・対象の範囲等が当事
者間の契約によって定められた自主的な監査のことです。

　監査は内部監査、監査役監査、外部監査の 3 種類があります。これらを三
様監査といいます。内部監査は社内の人材が行い、内部統制の監視活動とし
て機能するべく行う監査です。内部統制の整備状況を評価し、運用状況を検
証し、改善に関する助言を行い、勧告することなどを業務とします。各部署の
意向を忖度なく報告できるように経営者直轄の部門になることが特徴です。

　監査役監査は株主のために行う監査で、主に取締役会の仕事の違法性をチ
ェックしたり、会計監査や IR などの会社経営の報告が適正かどうかをチェッ
クしたりします。監査役監査は業務監査権という権限をもちます。業務監査
権とは、取締役の違法行為などで会社にリスクが発生したときは、その職務
を取りやめさせる権限のことです。

　外部監査とは会計監査のことを指し、株主の利益保護のために企業の会計
書類や財務諸表などが適正か、内部統制は適切かチェックします。外部監査
は公認会計士が行います。

　また 2015 年には監査等委員会という監査機関の設置が新設されました。監
査等設置委員会とは監査役や監査役会がなく、代わりに取締役を構成員とす
る監査等委員会が設置される機関設計です。3 人以上の取締役からなり、この
うち過半数は社外取締役が占めます。業務執行者による取締役会の監査機能
の強化が目的です。東証の「東証上場会社による独立社外取締役の選任状況
及び指名委員会・報酬委員会の設置状況」(2020 年 9 月 7 日付)によると、監査
等委員会に移行した企業は上場企業全体の 30％にも上り、増加傾向にありま
す。

< ディスカッション課題 >

① インターネットの EDINET に入り、興味ある実際の企業の財務三表を検索
  し、どのような項目で構成されているか、またその項目の順番はどのよう
  になっているか確認しよう。
② 財務三表の書式にある項目でわからない用語を調べてみよう。
③ 過去におこった企業監査の不祥事について、どのような事例があるか、イ
  ンターネットや書籍で調べてみよう。

第13章　企業の社会的責任

◆◆ サマリー ◆◆

　企業が経済活動を続ける限り、「利益」の追求は不可欠です。しかし、企業が社会に対して果たす役割は、利益の追求だけ良いのでしょうか。本章では、停滞する世界経済のなかで、今求められている企業価値とは何かをテーマに、企業とステークホルダーの関係、求められている持続的成長とはどんなものか、そして、企業が果たすべき社会的責任とは何かについて一緒に考えてみましょう。

■ キーワード ■

コーポレートガバナンス　企業倫理　コンプライアンス　ステークホルダー
CSR　サスティナビリティ　ESG 投資

1. 企業の不祥事と企業倫理

　企業の究極の目的は何かと聞かれた場合、読者の皆さんの多くはきっと「利益の追求」であると答えるのではないでしょうか。当然ながら、利益を生みだせない企業は倒産をしてしまいますので、その答えはあながち間違いでもありません。しかし、企業は利益だけを追求して活動をすれば良いのでしょうか。このように尋ねられると、答えに窮する人は少なくないかもしれません。なぜならば、企業がつくりだしている社会的価値はお金だけに限らないからです。企業が経済活動をすることよって、税金を納め、雇用を生みだし、投資を自国誘致できるといった利点も多く、地域経済に与える影響は決して小さ

くありません。それだけに、企業に寄せる社会の期待も年々高まっています。

　しかし、その一方で、企業による事件や事故といった「不祥事」は後を絶ちません。その背景には、利益を追求することに傾倒し過ぎると「社会に迷惑をかけてはならない」という意識が薄れてしまう企業の特性があると考えられます。どの企業も不祥事を起こしたいと思っているわけではなく、企業の利益を守ることを最優先に考えるために、結果として不祥事を起こしてしまうというケースが実に数多くあります。

　特に1980年代から1990年代にかけて、各国で企業不祥事が加速度的に頻発するようになり、マスメディアに取り上げられる回数も増えていきました。なかでも、アメリカの総合エネルギー会社エンロンが起こした不正会計事件は、世の中を揺るがす大きな事態に発展しました。エンロン社は1985年にテキサス州に発足した総合エネルギー会社で、エネルギー業界の規制緩和の波に乗り、ブロードバンドビジネスなども手がけ、多角事業を展開する大企業に急成長を遂げていきました。エンロン社は当初優良企業とみなされていましたが、2001年10月に特別目的会社（SPC）[1]を利用した簿外債務の隠蔽をはじめとする不正による巨額の粉飾決算が発覚し、株価が暴落したことにより、同年末に大きな負債を抱えて倒産しました。この事件をきっかけに、アメリカではさまざまな企業の不正会計が相次いで明るみになり、一企業の倒産ではすまされない大事件に発展し、アメリカ経済を大きく揺るがす事態に発展しました。

　この事件を契機にアメリカでは**コーポレートガバナンス**[2]が重視されるようになり、翌2002年に企業の不祥事に対する厳しい罰則を盛り込んだ企業改革法（**SOX法**）[3]が導入され、企業不祥事に対する社会の目も厳しさを増してい

---

[1] 特別目的会社（SPC）とは、企業が特定の資産を企業内部から切り離し、その特定の資産やプロジェクトのためだけに作られる会社のことをいう。「SPC」は「Special Purpose Company」の略語。日本では、1998年に成立したSPC法により設立が可能になった。
[2] 企業経営において公正な判断・運営がなされるよう、監視・統制する仕組みのことを指す。日本語では「企業統治」と訳されることが多い。
[3] 正式名称を「Sarbanes–Oxley act」（サーベンス・オクスリー法）という。企業の粉飾決算や不正会計処理を防ぐため、内部統制を強め、管理・点検体制を整えることを義務づけたアメリカの企業改革法を指す。

きました。日本でも、こうした動きを受けて**企業倫理**（ビジネス・エシックス
ともいう）という言葉が生まれ、企業が企業活動を行ううえで最重要かつ守
るべき基準を定め、その基準に沿ってルールを策定し、そのルールに従って
行動をすることが求められるようになりました。経営学分野においても、企
業倫理に関する研究が多くなされるようになり、企業が果たすべき社会的責
任に注目する人が増え、社会の企業に対する期待も徐々に変わっていきまし
た。

図表 13-1　企業倫理の課題事項と関係領域

関係領域	価値概念	課題項目
① 競争関係	公正	カルテル、入札談合、取引先制限、市場分割、差別対価、差別取扱、不当廉売、知的財産権侵害、企業秘密侵害、贈収賄、不正割戻など
② 消費者関係	誠実	有害商品、欠陥商品、虚偽・誇大広告、悪徳商法など
③ 投資家関係	公平	内部者取引、利益供与、損失保証、損失補填、作為市場形成、相場操縦、粉飾決算など
④ 従業員関係	尊厳	労働災害、職業病、メンタルヘルス障害、過労死、雇用差別（国籍・人種・性別・障がい者・特定疾病患者）、プライバシー侵害、セクシュアル・ハラスメントなど
⑤ 地域社会関係	企業市民	産業災害（火災・爆発・有害物質漏洩）、産業（換気・排水・騒音・電波・温熱）郊外、産業廃棄物不法処理、不当工場閉鎖、計画倒産など
⑥ 政府関係	厳正	脱税、贈収賄、不正政治献金、報告義務違反、虚偽報告、検査妨害、捜査妨害など
⑦ 国際関係	協調	租税回避、ソーシャル・ダンピング、不正資金洗浄、多国籍企業の問題行動（贈収賄、劣悪労働条件、公害防止設備不備、利益送還、政治介入、文化破壊）など
⑧ 地球環境関係	共生	環境汚染、自然破壊など

出典：中村瑞穂　「企業倫理と日本企業」　『明大商学論叢』　第 80 巻、第 3・4 号、1998 年、
pp.177-178

　ここで、中村（1998）が分類を行った企業の「関係領域」別の「価値概念」と「課題事項」を見てみましょう。中村（1998）は、企業倫理に関連する主要な課題事項として、一般に指摘されてきている不祥事を企業にとっての利害関係者の概念に対応する関係領域（図表 13-1 参照）を設定し、各領域においてもとめられる代表的な価値理念を添えて分類を試みました。

　図表 13-1 を見ると、企業にはどのような利害関係者が存在し、それぞれとどのような価値概念（倫理観）をもって関係性を築くべきなのかがわかりやすく分類されています。それを踏まえたうえで、それぞれの関係領域における価値概念を脅かす具体的な課題事項、つまりどのような不祥事の可能性があるのかがリストアップされています。これらの不祥事は、決して特定の企業にのみ起こり得るものではなく、どんな企業でも日常の業務活動において生じる可能性のある事項であることを認識しておくことが大切です。こうした不祥事を起こさないためにも、企業は社会の期待に応えるためにコンプライアンスの徹底を約束し、関係する全ての利害関係者に不利益を与えないよう、社内において企業倫理の実現を保証できる制度の構築や方法の整備を実施することが求められています。

2.　ステークホルダーとの共存

　では、企業が「利益」以外につくり出している価値とは、一体何なのでしょうか。ここで少し社会に期待されている企業の役割と責任について探求していきたいと思います。企業の社会における役割を考えた場合、企業が生み出す価値と利害関係がある人や組織を思い浮かべ、どのような関係性にあり、その関係性において何を重視すべきかを考えてみるとわかりやすいでしょう。ここでは前節にあげた中村（1998）の「企業倫理の課題事項と関係領域」（図表 13-1）の利害関係者にあたる関係領域を活用して考察をしていきたいと思います。

　まず、利害関係にある組織として、誰もが最初に思いつくのは**競合他社**ではないでしょうか。自社と競争関係にあるライバルとは、常に開かれた市場

環境において、公正な競争を行うことが大前提です。従って、企業は常に不正の無い取り引きとフェアな市場参入が求められます。

　続いてあげられるのは、**顧客**です。どの企業も顧客無くしては存続できないからです。それゆえ、企業にとって顧客とは、常に誠実さをもって対応をしなければならない重要な利害関係者といえます。顧客を欺くような商品やサービスを提供した場合、企業は大きな代償を払うことが予想されます。

　そして、企業が絶えず強く意識するのが**投資関係者**です。特に株式会社にとって、株主や潜在的な投資家は事業を運営していくうえで必要不可欠な存在です。また、企業の事業運営には欠かせない安定的な資金を貸してくれる金融機関も非常に重要な利害関係者です。それゆえ、自社に資金を提供してくれる投資家に対して、企業は常に公平な投資機会と利益配分を保証しなければなりませんし、金融機関とも信頼関係を築く必要があります。

　続いて、忘れてはならないのが**従業員**です。従業員は企業に雇われているため、一見利害関係が無いように見られがちですが、事業の円滑な運営を支えているのは、紛れもなく従業員です。企業にとっても、劣悪な労働環境や不当な労働対価では、優秀な人材を集めることは不可能です。従って企業は、従業員が十分に能力を発揮できるよう労働環境を整え、尊厳と敬意をもって接することが求められます。

　また、**地域社会**も企業にとって重要な利害関係者といえます。何よりも企業は、自社が立地する地域に対して、環境保全を約束する義務があります。特に産業公害や災害などは、地域に多大な被害を及ぼすため、企業には**リスクマネジメント**[4]の徹底が求められます。一方で、企業そのものが存在するだけで、地域に雇用の機会をつくり出します。また、事業活動をすることで地域経済の活性化に貢献することができます。つまり、企業が地域に与える経済的な影響は小さくないということです。

　それから、意外に思われるかもしれませんが、企業は**政府**とも利害関係に

---

[4] 企業が経営を行ううえで、不利益になり得るリスクを洗い出し、適切に管理することで損失を事前に回避、もしくは、起きた場合でも最小限に抑えるという経営管理の手法のことを指す。

あります。企業が事業活動を行うことによって生み出した利益から税を徴収しているのは政府です。また、企業の事業に関わる申請や許可なども行政機関とのやり取りを避けて通ることはできません。つまり、政府と企業は常に「癒着」しやすいというリスクを抱えています。そのため、企業は規則に細心の注意を払い、納税義務などには厳正な対応をすることが重要です。

　加えて、海外進出をしている企業などは、投資先の海外現地との**国際関係**も重視する必要があります。特に多国籍企業は、投資先の世界各地の現地における問題行動（贈収賄、劣悪な労働条件、政治介入など）に細心の注意を払う必要があります。投資先の現地の利益を守ることは、自社の事業を守ることにもつながりますので、現地との協調が大切です。

　そして、近年注目をされている**地球環境**をぜひ最後に付け加えたいと思います。企業が事業活動を行うと、多かれ少なかれ、地球環境に影響を及ぼすのは言うまでもありません。今や地球温暖化の影響によって、気候変動リスクが加速化しています。企業に求められているのは、地球温暖化がどう進んでいるのか、対策として世界的にどのような動きがあるのか、企業が認識すべきリスクと対策は何かをきちんと把握し、地球環境との共生をはかることです。

　こうしてみていくと、それぞれが、企業が事業運営をするうえで直接的または間接的に影響を受け合うことがわかります。これらの利害関係にある人や組織を一般的に**ステークホルダー**[5]とよびます。英語の「stake（賭け金）」「holder（保有する者）」が由来とされており、元々は競馬の馬主の集まりを意味していました。現在では、企業が事業運営を通じてつくり出す価値が「stake」であり、それに対して何かしら影響し合う関係にある人や組織を「holder」とみなし、広く「利害関係者」と訳されるようになりました。

　ここで注意をしなければならないのは、利害関係と一言で言っても、それぞれのステークホルダーが企業に望む役割は同じではないという点です。そ

---

[5] 1984年に哲学者のR.エドワード・フリーマンが著書「Strategic Management: A Stakeholder Approach」の中で使用したのがビジネス用語として浸透するきっかけになったといわれている。

れゆえ、各ステークホルダーの利害は必ずしも一致しないということを念頭に置いておく必要があります。それぞれの利害が異なり、ときには相反するものであったとしても、中心となる企業と何らかの影響を受け合っていれば、ステークホルダーであると言えます（図表 13-2 参照）。

そして、利害関係の対象の範囲は事業形態によって異なりますが、どの企業にも必ず複数のステークホルダーが存在し、彼らとの信頼関係なくしては、円滑な事業運営が成り立たないほど、企業の経営はステークホルダーとの共生の上に成り立っているのです。それゆえ、企業は自社のステークホルダーとの間に改善しなければならない課題を抱えている場合、いかなる事項に関しても、解決に向けて自ら積極的に取り組んでいく必要があるのです。

図表 13-2　「ステークホルダー」の概念図

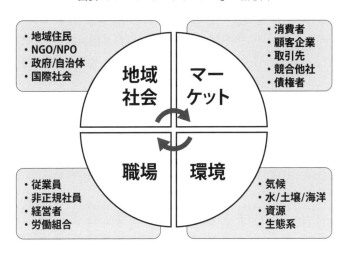

出典：筆者作成

3. 企業の社会的責任(CSR)

企業が社会から期待をされているということは、それと同時に負うべき責任が生じるということです。企業が負うべき社会的責任とは、前節で述べた

ステークホルダーに対する責任を意味します。この**企業の社会的責任**を一般的に **CSR** とよびます。CSR とは、「Corporate Social Responsibility」の略語で、日本語に直訳をすると文字通り「企業の社会的責任」となりますが、この言葉をどう定義するかは十人十色であると言っても過言ではありません。先ほども述べたように、企業によって利害関係者の範囲は異なりますし、それぞれの利害も異なるため、企業の社会的責任の捉え方が企業によって千差万別です。

　そこで、ここでは、多様な考え方や議論の過程は追求せずに、広く一般的に何が企業に求められているのかという観点から、アメリカの非営利グローバルネットワーク「BSR（Business for Social Responsibility）」の定義を活用して考察を深めていきたいと思います。

　BSR によると「CSR とは、社会が企業に対して抱く法的、倫理的、商業的もしくはその他の期待に対して照準を合わせ、すべての鍵となる利害関係者（ステークホルダー）の要求に対してバランス良く意思決定することを意味する」（訳：日本総合研究所、2007）ことが企業の社会的責任の定義となります。

　ここで注目をしたいのは「社会が企業に対して抱く期待」です。前節においても、社会に期待されている企業の役割と責任について触れてきましたが、社会の企業に対する「期待」部分は既に多岐にわたっているにもかかわらず、更に広がりをみせているという点です。こうした動きの背景には、幾つか要因があると考えられます。

　まず 1 つ目は、世界情勢に対する社会の不安視です。例えば、COVID19 に代表されるパンデミックの拡大、アジアや中東地域をはじめとする紛争の頻発、地球環境の悪化にともなう気候変動、南北問題等の格差進行など、世界には不安材料が数多く散らばっている状況にあります。つまり、不安定な変革の時代であるからこそ、企業が果たす役割に対して期待、あるいは要求が高まる傾向が強まります。

　2 つ目は、企業の勢力拡大です。冷戦時代は、経済力よりも相対的に政治力の方の影響力が強く、国家や政治の権力が今よりも重視されていました。し

かし、冷戦が終結し、グローバル化が深化するにつれて、多国籍企業とよばれる巨大企業が出現するようになり、今日においても M&A⁶⁾などを進め、規模を拡大しつつ、競争力を強めています。世界の巨大多国籍企業のなかには国家や政府の歳入を上回る売上高を誇る企業もあり、その影響力は計り知れません。一方で、いわゆる政府セクターの弱体化も多国籍企業の競争力強化の原因となっています。これまでも国家や政府の財政危機や政治不安は世界各国にて問題視されてきましたが、2020 年のパンデミックによる国政への打撃は大きく、世界各国の財政はさらに悪化する傾向にあり、人々の政府への期待がますます低下すると予測されます。こうした状況下において、企業の存在感は従来にも増して大きなものになると予想されます。

　3 つ目は、IT 技術等の飛躍的な躍進です。最近では、通信媒体の主体が SNS に移行し、個人でも容易に世界に情報を発信することが可能になりました。SNS による発信は、一度に不特定多数の人々に届き、賛同を得ることも、批判を浴びることも、短時間のうちに実行されるという特性をもっています。つまり、ステークホルダーが要望を簡単に表明できるようになり、その考えに追随する人々の後押しによって、企業の行動に大きな影響を与えることが可能になったということです。言い換えると、企業は、以前にもましてステークホルダーの声を聞く機会が増え、社会が自社に対して抱く期待をより身近に感じるようになったといえます。逆にステークホルダーも、企業が自分たちの発した声に対してどのような対応をするのかおおいに注目をしています。それゆえ、企業はこれまで以上にステークホルダーの声により耳を傾け、その要望に応える必要性が出てきたというわけです。

4. サスティナビリティを目指して

　企業が社会的責任を問われるようになったもう 1 つの背景に「資本主義の

---

⁶⁾「Mergers and Acquisitions」の略語である。Mergers は「合弁」で、2 つ以上の会社が 1 つになることを意味し、Acquisitions は「買収」で、ある会社が他の会社を買うなどの手段によって、経営を支配することを意味する。

限界」という懸念があります。資本主義の基本的な考え方は、資本を集めて必要な投資や事業活動を行い、製品やサービスを市場に提供した対価として資本を得て、資本を増やしてさらに成長していくという過程を継続していくことにあります。

　では、成長過程を維持するには何が必要でしょうか。それは紛れもなく新しい市場です。これまでの資本主義社会では、絶えず新たな技術の出現によって、新しい製品やサービスが生まれ、私たちの生活における空間的あるいは地理的な広がりをもたらすことによって市場を拡大してきました。例えば、最近では通信技術の技術革新によるネット市場の出現や、交通網の充実による移動領域の拡大は絶えず市場の広がりを後押ししてきました。

　しかし、ここに来て、世界経済は長期停滞への危機感が強まっています。大きな要因としてあげられるのは、経済先進諸国の少子高齢化の進行です。少子高齢化は、社会の労働市場を縮小させるだけでなく、消費市場も縮小させるため、成長の鈍化につながります。また、市場の成熟も要因の1つとしてあげられます。これまでの数多くの新技術の登場により、消費者の要求も高まり、多少の付加価値では動じなくなったことから、容易に市場を拡大することができなくなったという背景があります。そして、飽くなき成長を求めてきた結果、経済活動の源として使い続けてきた化石燃料は大気中の二酸化炭素を増加させ、気候変動を引き起こし、今や私たちに警鐘を鳴らし続けています。成長し続けるために開発を続けてきた結果、水資源や森林資源を蝕み、化石燃料を枯渇の危機にさらしてきたことは、誰の目にも明らかになってきたのではないでしょうか。

　一方で、資本主義がもたらした経済成長による収穫が、公平に分配されていないという現実も問題視をされるようになりました。私たちを取り巻く社会を見渡してみると、経済成長による格差が至るところで生じており、その弊害が社会問題を引き起こしていることも広く認識されていることに気づかされます。そして、2020年に世界に社会的混乱を招いたパンデミックにより、その格差はより鮮明に浮き彫りになったように感じられます。

　ここにきて、資本主義が目指してきた成長の仕組みにきしみが生じてきて

いるのは言うまでもありません。つまり、成熟した市場は飽和状態にあり、市場拡大の機会が狭くなるなかで、企業が自社の利益最大化にのみその機会を利用しようとすると、社会全体から見た場合、得られる成果よりも支払うコストの方が高くなる可能性があるということです。逆に考えると、企業にとっても市場の拡大を支えにして利潤の獲得だけを目指しても、社会とは共存できないばかりか、ビジネスを長きにわたって続けることがかなわない時代になったということです。

　では、企業が社会と共存し、継続してビジネスを実施していくには、何を重視すべきでしょうか。不確実性の高い現代において、企業に求められているものは**サスティナビリティ**、つまり、持続可能性です。その指針の 1 つとして、国連が掲げているのが「**SDGs＝持続可能な開発目標**」[7]です。SDGs には 17 分野にわたる目標が提示をされていますが、その多くは民間セクター、つまり企業の協力が不可欠です（図表 13-3 参照）。なぜならば、企業の活動による社会や環境への影響が限りなく大きいからです。

　一見、国連が掲げる開発目標は、何やら「お上」から押し付けられているように感じられますが、見方を変えると、そこに現代の社会的ニーズがあるとも捉えられます。こうした見方ができる企業は、SDGs が掲げる 17 分野（図表 13-3）における目標において、多くのビジネスチャンスを見出し、創意工夫によってビジネスを展開できるのではないでしょうか。

　こうした動きを受けて、世の中では **ESG 投資**への期待が高まっています。ESG とは、Environment（環境）、Social（社会）、Governance（企業統治）の頭文字をとった略語です。2006 年の国連責任投資原則（PRI）の提唱において、この言葉が初めて使われるようになりました。この責任投資原則は、環境・社会・コーポレートガバナンスの問題と投資慣行との関連性が増大していることを考慮し、機関投資家の国際的なグループにより策定され、以下の 6 つの

---

[7] SDGs とは、2009 年 9 月の国連ミレニアム・サミットにおいて採択されたミレニアム開発目標を受け継ぎ、2015 年から 2030 年までを見据えた「持続可能な開発目標」のことをいう。17 分野にわたる目標があり、不平等に立ち向かい、貧困と飢餓をなくし、皆が健康で生きがいをもちながら、地球上の生態系に配慮した生産と消費活動が行える社会の実現を目指している。

原則を実践に移すことを目的としています。

① 私たちは投資分析と意思決定のプロセスに ESG 課題を組み込みます。

② 私たちは活動的な所有者となり、所有方針と所有習慣に ESG 問題を組み入れます。

③ 私たちは、投資対象の企業に対して ESG 課題についての適切な開示を求めます。

④ 私たちは、資産運用業界において本原則が受け入れられ、実行に移されるように働きかけを行います。

⑤ 私たちは、本原則を実行する際の効果を高めるために、協働します。

⑥ 私たちは、本原則の実行に関する活動状況や進捗状況に関して報告します。

出典：「責任投資原則」PRI、2018 より引用

図表 13-3　持続的成長目標（SDGs）

出典：国連開発計画

　そして、この国連責任投資原則は、国連グローバル・コンパクトと国連環境計画・金融イニシアティブの 2 つのイニシアティブ[8]のもとで策定をされました。国連グローバル・コンパクトは、世界各地の企業に対し、人権・労働・環境および腐敗防止の分野において、10 の原則を経営方針や戦略の中に組み込むことを求める活動で、2018 年現在約 160 カ国の 8,800 以上の企業、4,000 以上の非営利署名機関、80 以上のローカル・ネットワークが参加をしている世界最大のイニシアティブです。日本では、正会員として 439 の企業と団体が加盟をしています（2021 年 10 月 13 日現在。図表 13-4 参照）。国連責任投資原則における ESG 課題は、この国連グローバル・コンパクトの原則における各分野の課題を意味します。

図表 13-4　国連グローバル・コンパクト 10 原則

人権	原則 1）人権擁護への支持と尊重 原則 2）人権侵害への非加担
労働	原則 3）結社の自由と団体交渉権の承認 原則 4）強制労働の排除 原則 5）児童労働の実効的な廃止 原則 6）雇用と職業の差別撤廃
環境	原則 7）環境問題の予防的アプローチ 原則 8）環境に対する責任のイニシアティブ 原則 9）環境にやさしい技術の開発と普及
腐敗防止	原則 10）強要や贈収賄を含むあらゆる形態の腐敗防止の取り組み

出典：グローバル・コンパクト・ネットワーク・ジャパン

　一方で、後者の国連環境計画・金融イニシアティブは、国連環境計画（UNEP）と世界の金融セクターとの間で結ばれたパートナーシップです。2018 年現在で 200 以上の金融機関が署名し、業務において最善の環境とサスティナビリティ慣行を促進する取り組みを実施しています。

　国連のこうした取り組みによって、長期的な視野に立って、財務に関する

---

[8] 主導をしたり、率先して物事をある方向へと導いたりする力や戦略のことをいう。

分析だけでなく、投資先企業のステークホルダーとの関係性を把握し、あらゆる角度から企業のサスティナビリティを十分に考慮して、投資決定を行うことの重要性が世の中に認知されるようになりました。つまり、企業側も単に売上や利益の向上だけでなく、企業の ESG 課題への取り組みを目に見える形で投資家に提示する必要が出てきたということです。

　現在、企業に求められているのは、きちんと自社が直面する ESG 課題を洗い出し、それらの課題に対して長期的な展望において、対応策を検討しているかどうかです。グローバルな株式投資においては、既に企業の ESG 課題への取り組みを点数化し、評価を始めています。こうした潮流を受けて、企業の果たす社会的責任は、今後ますます重要視される傾向にあるのです。

< ディスカッション課題 >

① 具体的な企業をあげ、その企業のステークホルダーについて、話し合ってみましょう。
② 企業が社会から期待される役割と、果たさなければならない責任とは何かを具体的に考えてみましょう。
③ SDGs の 17 の開発目標において、企業が貢献できるのは、どの分野のどのような部分かを具体的に話し合ってみましょう。

引用・参考文献

第1章

土方千代子・椎野裕美子 2012 『経営学の基本がきっちりと理解できる本』秀和
　システム

山口大学経済学部経営学科(編著) 2005 『経営学をやさしく学ぶ』 中央経済社

佐久間信夫(編著) 2016 『やわらかアカデミズム・〈わかるシリーズ〉よくわか
　る 企業論 [第2版]』 ミネルヴァ書房

井上秀次郎・安達房子(編集) 2019 『シリーズ 大学生の学びをつくる 企業と社
　会が見える経営学概論』 大月書店

第2章

金井壽宏 2019 『経営組織』 日本経済新聞出版社

沼上幹 2020 『組織デザイン』 日本経済新聞出版社

若林直樹 2009 『ネットワーク組織』 有斐閣

Barnard, C. I. 1938 The functions of the executive. Harvard University
　Press(山本 安次郎・田杉競・飯野春樹(翻訳)) 1968『経営者の役割 [新訳版]』
　ダイヤモンド社

Daft, R.L. 2001 Essentials of Organization Theory and Design 2nd.ed
　South-Western College Publishing (高木晴夫(監訳)) 2002 『組織の経営学
　―戦略と意思決定を支える』 ダイヤモンド社

第3章

桑田耕太郎・田尾雅夫 1998 『組織論』 有斐閣アルマ

マイケル・A・ヒット, R・デュエーン・アイルランド, ロバート・E・ホスキソン
　(久原正治、横山寛美(監訳)) 2014 『[改訂新版] 戦略経営論』 同友館

M.E.ポーター (土岐坤・中辻萬治・服部照夫(訳)) 1995 『[新訂] 競争の戦略』
　ダイヤモンド社

第 4 章

J．M．アッターバック（大津正和・小川進(監訳)）1998 『イノベーション ダイナミクス』 有斐閣

M.C.クリステンセン（玉田俊平太(監修)、伊豆原弓(訳)）『イノベーションのジレンマ─技術革新が巨大企業を滅ぼすとき』 翔泳社

J.A.シュンペーター（塩野谷祐一・東畑精一・中山伊知郎(訳)）1977 『経済発展の理論』(上)(下) 岩波書店

R.N.フォスター（大前研一(訳)）1987 『イノベーション─限界突破の経営戦略』ティービーエス・ブリタニカ

E．M.ロジャース（三藤利雄(訳)）2007 『イノベーションの普及』 翔泳社

第 5 章

石井淳蔵・廣田章光・清水信年(編著) 2019 『1 からのマーケティング［第 4 版］』碩学舎

井原久光 2014 『ケースで学ぶマーケティング［第 2 版］』 ミネルヴァ書房

西尾チヅル(編著) 2007 『マーケティングの基礎と潮流』 八千代出版

フィリップ・コトラー、ゲイリー・アームストロング、恩藏直人 2014 『コトラー、アームストロング、恩藏のマーケティング原理』 丸善出版

フィリップ・コトラー、ゲイリー・アームストロング（和田充夫(監訳)）2003『マーケティング原理［第 9 版］』 ダイヤモンド社

山口大学経済学部経営学科(編著) 2005 『経営学をやさしく学ぶ』 中央経済社

Kotler, P. & K. L. Keller, 2006 Marketing Management, 12th ed., Prentice-Hall（恩藏直人(監修)・月谷真紀(訳)）2014『コトラー&ケラーのマーケティング・マネジメント［第 12 版］』 丸善出版

第 6 章

内閣府 2004 『平成 16 年度版 年次経済財政報告書』

(財)日本ネットワークインフォメーションセンター「インターネット歴史年表」、JPNIC アーカイブス

https://www.nic.ad.jp/timeline/ 2021 年 12 月 29 日閲覧

財務省「貿易統計」、The Statistics of Japan
https://www.customs.go.jp/toukei/ 1980 年〜2021 年(年ベース) 2022 年 1 月 3 日閲覧

財務省 1996 年〜2020 年「国際収支」

経済産業省 1996 年度〜2019 年度「海外事業基本調査」

レイモンド・ヴァーノン（霍見芳浩(訳)）1973 『多国籍企業の新展開 －追いつめられる国家主権－』 ダイヤモンド社

スティーブン・ハイマー（宮崎義一編(訳)）1979 『多国籍企業論』 岩波書店

塩次喜代明・髙橋伸夫・小林敏男 2013 『経営管理［新版]』 有斐閣アルマ

吉原英樹 2021 『国際経営［第5版]』 有斐閣アルマ

第7章

谷口真理 2008 「特集 雇用平等とダイバシティ 組織におけるダイバシティ・マネジメント」 『労働研究雑誌』 No.574 pp.69-84

谷口真理 2005 『ダイバシティ・マネジメント 多様性を活かす組織』 白桃書房

「日本の人事部」編集部(編) 2020 『日本の人事部 2020』 株式会社 HR ビジョン

米山洋 2019「データで見る外国人材受け入れの実態とその意義」「JETRO 地域・分析レポート 特集：外国人材と働く」 日本貿易振興機構

帝国データバンク 2020 『特別企画：「人手不足倒産」の動向調査（2013〜2019年)』 TDB レポート

経済産業省 2017 「ダイバーシティ 2.0 行動ガイドライン」

経済産業省 2018「ダイバーシティ 2.0 行動ガイドライン」（平成 30 年 6 月改訂）

郭潔蓉 2020 「外国人人材の獲得とダイバーシティ・マネジメント」 万城目正雄・川村千鶴子(編著)『新しい多文化社会論 共に拓く共創・協働の時代』 東海大学出版 pp.131-143

第8章

桐村晋次 2008 『人事マン入門［第3版]』 日本経済新聞出版社

厚生労働省 2020a 第 6 回今後の若年者雇用に関する研究会

厚生労働省 2020b 新規学卒就職者の離職状況（平成 29 年 3 月卒業者の状況）令和 2 年 10 月 30 日プレスリリース

厚生労働省 2020c これからのテレワークでの働き方に関する検討会報告書

厚生労働省ホームページ 能力開発基本調査
  https://www.mhlw.go.jp/toukei/list/104-1.html 閲覧日 2021 年 9 月 22 日

厚生労働省ホームページ 職業能力評価基準の策定業種一覧
  https://www.mhlw.go.jp/stf/seisakunitsuite/bunya/koyou_roudou/jinzaik aihatsu/ability_skill/syokunou/index.html 閲覧日 2021 年 9 月 22 日

今野浩一郎 2020 『人事管理入門［第 2 版］』 日本経済新聞出版社

今野浩一郎・佐藤博樹 2020 『マネジメント・テキスト人事管理入門［第 3 版］』 日本経済新聞出版社

白木三秀（編著）2019 『人的資源管理の力』 文真堂

総務省ホームページ テレワークの推進
  https://www.soumu.go.jp/main_sosiki/joho_tsusin/telework/ 閲覧日 2021 年 9 月 22 日

田尾雅夫（編著）2020 『よくわかる組織論』 ミネルヴァ書房

守屋貴司・中村艶子・橋場俊展（編著）2018 『価値創発（EVP）時代の人的資源管理 - Industry4.0 の新しい働き方・働かせ方 - 』 ミネルヴァ書房

馬場昌雄・馬場房子（監修）岡村一成・大野公一（編集）2005 『産業・組織心理学』 白桃書房

第 9 章

生稲史彦・高井文子・野島美保 2021 『コア・テキスト 経営情報論』新世社

一瀬益夫 2016 『すべての意思決定者のための経営情報システム概論』 同友館

岸川善光・朴慶心 2017 『経営情報要論』 同文館出版

遠山暁・村田潔・古賀広志 2021 『現代経営情報論』 有斐閣アルマ

野中郁次郎・竹内弘高 1996 『知識創造企業』 東洋経済新報社

細野公男・中嶋聞多・浦昭二（編）2003『情報社会を理解するためのキーワード:2』

培風館

宮川公男・上田泰 2014 『経営情報システム』 中央経済社

Stolterman, E. and A C Fors, (2004) "Information Technology and The Good Life," Information systems research. Springer, Boston, MA, 2004. 687-692.

第 10 章

生稲史彦・高井文子・野島美保 2021 『コア・テキスト 経営情報論』 新世社

一瀬益夫 2016 『すべての意思決定者のための経営情報システム概論』 同友館

岸川善光・朴慶心 2017 『経営情報要論』 同文館出版

遠山暁・村田潔・古賀広志 2021 『現代経営情報論』 有斐閣アルマ

ベーカー&マッケンジー法律事務所 2018 『インフォメーション・ガバナンス 企業が扱う情報管理のすべて 顧客情報から社内情報まで』 東洋経済新報社

山口大学経済学部経営学科(編著) 2005 『経営学をやさしく学ぶ』 中央経済社

第 11 章

グローバルタスクフォース株式会社 2002 『通勤大学 MBA アカウンティング』 総合法令出版

榊原茂樹・菊池誠一・新井富雄・太田浩司 2003 『現代の財務管理』 有斐閣

ツヴァイ・ボディー、ロバート・マートン（大前恵一郎(訳)）2001 『現代ファイナンス論［改訂版]－意思決定のための理論と実戦』 ピアソンエデュケーション

山口大学経済学部経営学科(編著) 2005 『経営学をやさしく学ぶ』 中央経済社

リチャード・A・ブリーリー、スチュワート・C・マイヤーズ、フランクリン・アレン（藤井眞理子・国枝繁樹(監訳)）2007 『コーポレート・ファイナンス［第8版]上』 日経 BP 社

第 12 章

グローバルタスクフォース株式会社 2002 『通勤大学 MBA アカウンティング』 総

合法令出版

榊原茂樹・菊池誠一・新井富雄・太田浩司 2003 『現代の財務管理』 有斐閣

盛田良久・蟹江章・長吉眞一(編著) 2020 『スタンダード監査論［第5版］』 中央経済社

山口大学経済学部経営学科(編著) 2005 『経営学をやさしく学ぶ』 中央経済社

リチャード・A・ブリーリー、スチュワート・C・マイヤーズ、フランクリン・アレン（藤井眞理子・国枝繁樹(監訳)）2007 『コーポレート・ファイナンス［第8版]上』 日経BP社

リチャード・A・ブリーリー、スチュワート・C・マイヤーズ、フランクリン・アレン（藤井眞理子・国枝繁樹(監訳)）2007 『コーポレート・ファイナンス［第8版]下』 日経BP社

第13章

中村瑞穂 1998 「企業倫理と日本企業」 『明大商学論叢』 第80巻 第3・4号 pp. 177-178

PRI 2018 「責任投資原則」

田瀬和夫・SDGパートナーズ 2020 『SDGs思考 2030年のその先へ 17の目標を超えて目指す世界』 廣済堂

原田勝弘・塚本一郎(編著) 2008 『ボーダレス化するCSR 企業とNPOの境界を超えて』 同文館出版

グローバル・コンパクト・ネットワーク・ジャパンHP
https://ungcjn.org/gc/index.html 2021年10月3日閲覧

索 引

編著者略歴

郭　潔蓉（かく　いよ）

東京未来大学 モチベーション行動科学部教授、博士（法学）、筑波大学大学院
社会科学研究科博士課程修了。主な業績に、「外国人人材の獲得とダイバーシ
ティ・マネジメント」（万城目正雄・川村千鶴子編『新しい多文化社会論』第9
章、東海大学出版部、2020年）、「企業が取り組む多文化共生 -CSR とダイバー
シティ・マネジメント」（小泉康一・川村千鶴子編『多文化「共創」社会入門』
第6章、慶應義塾大学出版会、2016年）、など。
　　担当：第1章、第6章、第7章、第13章

著者略歴

池田　武俊（いけだ　たけとし）

千葉商科大学 サービス創造学部教授、修士（経済学）、武蔵大学大学院経済学
研究科博士後期課程単位取得退学。千葉商科大学商経学部専任講師、サービス
創造学部専任講師、准教授を経て現職。主な業績に、「サービス業の人材問題
と人材育成 -サービス・エンカウンターの担い手人材をめぐる現状と課題-」
（『千葉商大論叢』第57巻3号、2020年）、『よくわかる企業論［第2版］』（佐
久間信夫編著、ミネルヴァ書房、2016年）、など。
　　担当：第3章、第4章

渋瀬　雅彦（しぶせ　まさひこ）

横浜商科大学 商学部准教授、博士（経営）、法政大学大学院経営学研究科博士
後期課程修了、筑波大学大学院経営政策科学研究科修了（修士）。株式会社イ
ンテージや株式会社インサイトテックなどに従事したのちに現職。主な業績に、
「オンラインビデオ広告の効果を規定する要因：完全視聴と広告認知に着目し
た実証分析」（単著、Journal of Academic Society of Direct Marketing、第
19巻、2020年）。
　　担当：第9章、第10章

三浦　卓己（みうら　たくみ）

東京未来大学 モチベーション行動科学部講師、修士（経営学）、経営管理修士
　（専門職）。法政大学大学院経営学研究科経営学専攻修了、ビジネス・ブレー
　クスルー大学大学院経営学研究科経営管理専攻修了。国内外金融機関、地方創
　生を目的とする事業会社を経て教員に転身。東京未来大学非常勤講師を経て現
　職。
　　担当：第5章、第11章、第12章

石橋　里美（いしばし　さとみ）

東京未来大学 モチベーション行動科学部講師、修士（文学）。青山学院大学文
　学部卒業後、一般企業にて営業・人事職に従事した後、信州大学大学院人文科
　学研究科地域文化専攻修了。主な著書に、『キャリア開発の産業・組織心理学
　ワークブック［第2版］』（単著、ナカニシヤ出版、2016年）、『働く人たちのメ
　ンタルヘルス対策と実務－実践と応用』（共著、ナカニシヤ出版、2016年）、な
　ど。
　　担当：第2章、第8章

2022年4月21日　　　　　　　初 版　第 1 刷発行

ベーシック経営学　— 学びのとびら —

編著者　郭　潔蓉　©2022
著　者　池田武俊／渋瀬雅彦／三浦卓己／石橋里美
発行者　橋本豪夫
発行所　ムイスリ出版株式会社

〒169-0075
東京都新宿区高田馬場 4-2-9
Tel.03-3362-9241(代表)　Fax.03-3362-9145
振替 00110-2-102907

ISBN978-4-89641-313-7　C3034

memo

memo

memo

memo

memo

memo

memo

memo

memo

memo